수학 시간에
놀이하자!

수학 시간에
놀이하자!

쉽게 가르치고 즐겁게 배우는 수학 수업

글·사진 이강숙

지식프레임

들어가는 글

● ◠ ● ▲ ●

    1996년 초등교사로서 첫 발령을 받고 교단에 선 지 벌써 20년이 넘었습니다. 좋은 선생님이 되기 위해 여전히 노력해야 하고 많은 면에서 부족하지만 되돌아보면 지금까지 초등교사라는 직업을 천직으로 여기며 교과지도, 생활지도, 학급운영, 학교업무 등 맡은 일에 최선을 다하고자 열심히 살아왔다고 생각합니다.

    특히, 어릴 때부터 수학을 좋아했던 저는 교사가 되고 나서 아이들을 직접 가르치며 많은 아이들이 수학을 어려워하고 싫어하는 것을 알고 아이들이 어떻게 하면 수학을 좋아하고 재미있게 공부하도록 도울 수 있을까를 고민하기 시작했습니다. 이를 위해 방학 때마다 서울초등수학교육연구회에서 주최하는 수학과 직무연수에 열심히 참여하기도 하고 수학 교육에 대한 여러 가지 자료들을 수집하며 수학 교수 학습에 대한 정보를 얻고 수학 수업에 적용하기 위해 노력했습니다.

2002년에는 그동안 열심히 모은 자료들과 새롭게 제작한 수학 교육 자료들을 정리하여 수학 교육에 관심이 있는 많은 선생님들과 공유하고자 '수학대장(http://claralee.new21.net)' 사이트를 열어 지금까지 운영하고 있습니다. 또한 2003년에는 '다양한 수학 놀이와 퀴즈, 퍼즐을 통한 수학적 힘의 신장'을 주제로 아이들과 함께 해보고 싶었던 수학 놀이와 퀴즈, 퍼즐들을 좀 더 체계적으로 탐색하고 자료를 개발하여 지도 계획을 수립하고 일주일에 한 번씩 실행하기도 했습니다.

이를 계기로 초등교사를 대상으로 하는 수학과 직무연수, 초등 1정 연수, 초등수학영재교육 직무연수 등을 통해 많은 선생님과 수학 놀이에 대한 정보를 나누는 기회를 가졌고, 2006년부터 서울특별시 지역공동 영재학급, 서울특별시남부교육지원청 영재교육원 학생들을 대상으로 수학 영재 교육 강의를 하기도 했으며, 현재 초등학교에서 수학 수업 시간에 활용하는 2007개정 국정 초등수학교과서를 집필하기도 했습니다.

무엇보다도 20여 년간 수학 수업 시간에 아이들이 스스로 수학의 개념과 원리를 탐구하고 발견하도록 이끌며 다양한 수학 놀이를 실시하여 수학이 재미있고 즐거운 학문이라는 걸 느끼게 해주기 위해 끊임없이 노력했습니다. 함께하는 1년 동안 수학이 재미있어졌다고, 자신이 생겼다고 말해 주는 아이들, 함께한 1년 후에도 선생님 덕분에 수학 공부가 즐겁다고 말해 주는 아이들 덕분에 힘을 얻어 이 책을 집필하게 되었습니다.

그동안 아이들과 함께한 수학 놀이 자료들을 하나하나 다시 살펴보고 정리하는 동안 수학의 원리에 감탄하던 모습, 신나게 수학 놀이에 참여했던 모습,

그러면서 수학에 자신감을 얻던 아이들의 모습들이 떠올라 내내 설레고 뿌듯하고 행복했습니다.

이 책에서는 수학을 재미있는 놀이로 생각할 수 있도록 수학 놀이를 통해 수학의 원리와 개념을 탐구하고 익힐 수 있는 자료들을 모았습니다. 현재 선생님들께서 가르치시는 수학 교과 내용과 딱 맞아떨어지는 수학 놀이도 있고, 관련 내용을 두루두루 아우르는 수학 놀이도 있습니다. 수학 수업 시간, 동아리 활동 시간, 자투리 시간 등을 활용하여 아이들과 함께 재미있는 수학 놀이를 하시길 바랍니다.

이 책이 수학 수업 시간에 놀이를 적용하고자 하는 선생님들께 수업을 계획하고 준비하는 수고를 덜어드릴 수 있는 자료가 될 거라 믿습니다. 또한 제가 정리한 수학 놀이 자료를 토대로 좀 더 새롭고 알찬 아이디어를 생각해 낼 수 있는 기회가 되리라 기대합니다.

즐겁게 수학 놀이에 참여했던 우리 반 아이들, 아이들과 함께한 수학 놀이 자료를 책으로 출판할 수 있도록 도와주신 지식프레임 윤을식 대표님, 멋진 책이 되도록 편집을 도와주신 김명희 님을 비롯한 출판사 관계자 분들께 감사드립니다.

2017년 3월
이강숙

Contents

들어가는 글

선생님과 아이들 모두가 즐거워지는
수학 수업 만들기
초등 수학 단원별 활용 가능한
61가지 수학 놀이 총정리

놀 이 로 수 학 수 업 이 즐 거 워 진 다 !

Part 1

수와 연산

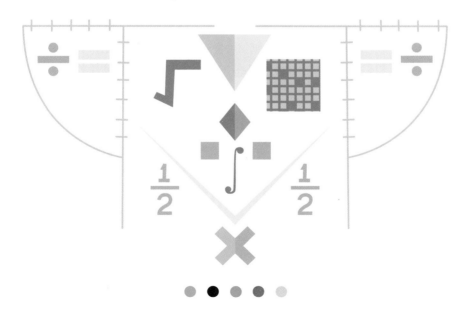

1_ 도미노

'도미노' 하면 제일 먼저 무엇이 떠오르나요? 아이들은 '도미노' 하면 직사각형 모양 나무 조각을 일렬로 늘어놓고 쓰러뜨리는 놀이나 피자 브랜드를 먼저 떠올리지만 도미노(Domino)는 본래 같은 크기의 정사각형 두 개를 변끼리 붙여 만든 도형을 뜻합니다.

도미노는 주사위를 이용하는 놀이에서 유래되었고, 18세기 이탈리아에서 만들어졌습니다. 도미노의 두 개의 정사각형 안에는 각각 주사위처럼 작은 점들이 그려져 있는데, 점의 수에 따라 6-6도미노와 9-9도미노로 나뉩니다. 이 장에서는 6-6도미노를 활용하는 놀이들을 소개합니다. 6-6도미노 놀이 방법을 응용하여 9-9도미노를 가지고 놀이할 수 있습니다.

도미노는 덧셈과 뺄셈, 곱셈을 막 배운 저학년 아이들이 반복적인 계산 연습을 재미있게 하면서 실력을 키우는 데 매우 효과적일 뿐만 아니라 고학년 아이들이 암산을 연습하는 데도 많은 도움이 됩니다. 특히 목표수를 정해 놓고 도미노로 기차 만들기를 할 때는 전략적으로 도미노를 선택하여 목표수를 만드는 과정을 통해 수학적 사고력을 키울 수 있습니다.

1-01 6-6도미노 개수 알아보기

- **교과 적용 단원** 1학년 1학기 1단원 〈9까지의 수〉, 1학년 1학기 5단원 〈50까지의 수〉, 3학년 1학기 2단원 〈평면도형〉, 4학년 2학기 3단원 〈다각형〉
- **준비물** 활동지, 색연필, 사인펜

××××××××××××××××××××××××××××

6-6도미노는 모두 몇 개이고 어떤 것이 있는지 알아보는 활동입니다. 한 정사각형 안에 점이 6개 그려져 있는 도미노를 6-6도미노라고 합니다. 고학년의 경우 생각나는 대로 6-6도미노를 그리도록 하기보다는 경우의 수와 연계하여 6-6도미노의 개수를 알아보도록 하는 것이 더 좋습니다.

놀이 방법

1 '도미노' 하면 생각나는 것을 자유롭게 발표하도록 합니다.
2 도미노의 정의를 설명합니다. 도미노란 같은 크기의 정사각형 두 개를 변끼리 붙여 만든 도형으로, 6-6도미노는 각 정사각형 안에 점이 0개부터 6개까지 그려져 있는 도미노입니다.

3 6-6도미노는 모두 몇 개인지 알아봅시다(좌우가 바뀐 것도 같은 도미노로 봅니다. 예를 들어 ⊡⊡와 ⊡⊡은 같은 도미노입니다).

4 도미노의 정사각형 안에 연필로 0부터 6까지의 점을 그리면서 6-6도미노를 찾도록 합니다.

5 각자 6-6도미노를 찾고 모두 몇 개인지 생각해 본 후 모둠 친구들과 비교해 봅니다.

6 도미노의 개수를 찾은 방법을 발표하도록 합니다.

7 반 전체 아이들이 함께 6-6도미노의 개수와 종류를 확인합니다. 6-6도미노는 모두 28개입니다.

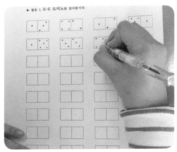

8 도미노의 종류를 확인하면서 색연필이나 사인펜을 이용하여 자기가 그린 도미노의 점을 크고 진하게 그립니다.

TIP 놀이의 팁

● 6-6도미노의 의미를 잘 이해하지 못해서 활동을 시작하지 못하는 경우가 있으므로 아이들이 잘 이해했는지 먼저 확인해 주세요.

● 6-6도미노의 모든 종류를 찾는 것보다 6-6도미노가 몇 개인지 정확하게 찾는 것에 중점을 둡니다. 6-6도미노를 그리는 것은 개수를 찾기 위한 보조 수단입니다.

- 저학년은 6-6도미노의 개수를 정확하게 찾는 것이 어렵습니다. 이 활동을 생략해도 좋고, 6-6도미노의 의미를 이해하고 점을 그리면서 6-6도미노 중 몇 가지만 찾아보는 활동을 하는 데 의미를 두는 것도 좋습니다.

- 6-6도미노의 점을 그릴 때 점 대신 숫자를 써도 됩니다. 점을 그리느라 너무 시간을 보내지 않도록 합니다.

- 점이 0개인 경우, 즉 정사각형 안에 점을 그리지 않는 것도 6-6도미노에 포함됩니다. 이 경우를 찾지 못한다면 선생님께서 힌트를 주세요. ☐☐과 ☐•도 6-6도미노에 포함됩니다.

- 저학년의 경우 6-6도미노가 모두 몇 개인지 알아본 후 자신의 활동지에 그린 도미노 위에 실제 도미노를 올려보는 활동을 할 수 있습니다. 올려놓고 남은 도미노가 있다면 그것이 내가 못 찾은 도미노이고, 활동지에 올려놓을 도미노가 없다면 중복으로 도미노를 찾은 것입니다.

 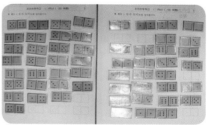

1-02 사칙연산하기

- **교과 적용 단원** 1학년 1학기 3단원 〈덧셈과 뺄셈〉, 1학년 2학기 3단원 〈덧셈과 뺄셈(1)〉, 1학년 2학기 5단원 〈덧셈과 뺄셈(2)〉, 2학년 1학기 3단원 〈덧셈과 뺄셈〉, 2학년 1학기 6단원 〈곱셈〉, 2학년 2학기 2단원 〈곱셈구구〉, 3학년 1학기 1단원 〈덧셈과 뺄셈〉, 3학년 1학기 4단원 〈곱셈〉
- **준비물** 6-6도미노

××××××××××××××××××××××××××××

6-6도미노를 활용하여 재미있는 도미노 찾기 놀이를 할 수 있습니다. 도미노의 점을 더하거나 빼면서 여러 가지 도미노 찾기 놀이를 해보세요. 2명이 서로 겨루기도 하고, 한 팀이 되어 서로 돕기도 하며 놀이를 할 수 있습니다. 또한 도미노로 사칙연산 문제를 만들어 짝과 함께 풀어보는 활동을 할 수 있습니다. 6-6도미노는 구입해서 사용해도 되고 아래와 같이 만들어서 사용해도 됩니다.

6-6도미노 만들기

1   도미노 도안, 두꺼운 도화지, 색연필, 가위, 풀, 고무줄을 준비합니다.
2   워드 프로그램으로 편집한 도미노 도안을 인쇄합니다.
3   도미노를 색연필이나 사인펜으로 각각 다르게 색칠합니다. 또는 컬러인쇄한 도안을 나눠주어도 좋습니다.
4   색칠한 종이를 두꺼운 도화지에 붙인 후 낱개로 자릅니다. 낱개로 자를 때 편하도록 도미노를 간격 없이 모두 붙여 편집하였습니다.
5   분실을 방지하기 위하여 도미노 뒤에 각자의 이름을 씁니다.

6 도미노를 모아 고무줄로 묶어서 각자 보관합니다.

도미노 찾기 1

1 2명이 도미노 1세트(28개)를 가지고 놀이를 합니다.

2 28개의 도미노를 섞어서 도미노의 점이 잘 보이도록 가운데 늘어놓습니다.

3 선생님께서 "점의 합이 6"이라고 말하면 도미노 각각의 정사각형에 그려진 점의 수를 합하여 6이 되는 도미노를 찾아서 가지고 가도록 합니다. 점의 합 이 6인 도미노는 ▦▦ ▦▦ ▦▦ ▦▦ 모두 4가지가 있습니다.

4 선생님께서 다시 "점의 합이 7"이라고 말하면 점의 수를 합하여 7이 되는 도미노를 찾습니다.

5 계속해서 놀이를 하다가 놀이를 멈추는 순간 도미노를 많이 가지고 있는 사 람이 이깁니다.

도미노 찾기 1 변형하기

1 합 대신 차로 바꿉니다. 예를 들어 "점의 차가 3"이라고 하면 다음 도미노들 을 찾으면 되겠죠? ▦▦ ▦▦ ▦▦ ▦▦ 모두 4가지입니다.

2 도미노 1세트 대신 2~3세트를 섞어서 놀이를 할 수 있습니다.

3 2명이 한 팀이 되어 서로 도와 도미노 1세트를 가지고 '점의 합이 7'이 되는 도미노 찾기를 할 수도 있습니다. 저학년의 경우 서로 도와 찾으면서 협력 하는 기회를 가질 수 있습니다.

도미노 찾기 2

1. 2명이 한 팀이 되어 도미노 1세트를 가지고 놀이를 합니다.
2. 28개의 도미노를 섞어서 도미노의 점이 잘 보이도록 가운데 늘어놓습니다.

3. 선생님께서 "점의 차가 5"라고 말하면 도미노 2개의 점의 차가 5가 되는 도미노를 가능한 많이 찾아 도미노를 둘씩 짝지어놓습니다. 예를 들어 ⊞⊡은 점의 수가 9이고 ⊡⊡은 점의 수가 4이므로 점의 차가 5가 되는 짝입니다.
4. 더 많이 찾은 팀이 이깁니다.

도미노 찾기 3

1. 2명이 도미노 1세트를 가지고 놀이를 합니다.
2. 28개의 도미노를 섞어서 도미노의 점이 보이지 않도록 뒤집어놓습니다.
3. 선생님께서 "점의 합이 큰 사람"이라고 조건을 말하면 각자 도미노를 하나씩 가져가서 뒤집어 비교합니다.

4 선생님께서 말한 조건에 맞는 사람이 상대방의 도미노까지 가져갈 수 있습니다.

5 선생님은 계속해서 '합이 작은 사람', '차가 큰 사람', '곱이 작은 사람' 등과 같이 조건을 말하고 도미노를 뒤집어 선생님께서 말한 조건에 맞는 사람이 상대방의 도미노까지 가져가도록 합니다.

6 선생님을 대신하여 아이들에게도 조건을 외칠 수 있도록 합니다. 단, 조건을 말한 후 도미노를 뒤집도록 합니다.

7 계속해서 놀이를 하다가 놀이를 멈추는 순간 도미노를 많이 가지고 있는 사람이 이깁니다.

 놀이의 팁

● 〈도미노 찾기〉는 아이들이 즐겁게 참여하면서 수 감각과 연산능력을 길러주는 데 매우 효과적인 놀이입니다. 저학년, 고학년 아이들뿐 아니라 교사 대상의 강의에서도 모두 즐겁게 참여한 놀이였습니다.

● 저학년은 〈도미노 찾기 1〉을 충분히 하고 난 후 〈도미노 찾기 2〉를 하도록 해주세요.

● 각자 도미노를 만들어서 이름을 써두고 개인적으로 보관하도록 하면 쉬는 시간, 점심시간에도 옹기종기 모여 한 어린이가 선생님을 대신해서 "점의 합이 7"을 외치며 즐겁게 놀이를 합니다.

● "점의 합이 7"과 같이 조건을 외칠 때 수는 선생님 마음대로 바꿔서 하면 됩니다.

도미노로 사칙연산하기

1 2명이 도미노 1세트를 가지고 놀이를 합니다.

2 도미노 중 2개를 골라서 다음과 같은 형태로 덧셈, 뺄셈, 곱셈 문제를 만들

어서 상대방이 풀도록 합니다. 도미노 1개를 두 자리 수로 보는 겁니다. 예를 들어 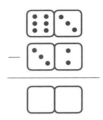은 63으로 생각하고 계산합니다.

3 문제를 푸는 사람은 필산을 해도 되고, 암산을 해도 됩니다.

4 문제를 낸 사람도 함께 풀어서 상대방이 정확하게 답을 구했는지 확인합니다.

5 서로 번갈아가면서 상대방에게 문제를 내고 풀어보도록 합니다.

TIP **놀이의 팁**

● 수학 시간에 배우고 있는 연산을 연습하도록 하면 좋습니다. 덧셈과 뺄셈을 배우고 있다면 덧셈, 뺄셈 문제를 내도록 하고, 곱셈을 배우고 있다면 곱셈 문제를 내도록 합니다.

- 상대방이 계산을 틀렸을 경우 다시 풀어보도록 하거나 어느 부분이 틀렸는지 알려주어 수정할 수 있도록 합니다.

- 도미노 2개를 붙여서 4자리 수로 보고 4자리 수 계산 문제를 낼 수도 있습니다.

1-03 도미노 기차 만들기

- **교과 적용 단원** 1학년 1학기 3단원 〈덧셈과 뺄셈〉, 1학년 2학기 3단원 〈덧셈과 뺄셈(1)〉, 1학년 2학기 5단원 〈덧셈과 뺄셈(2)〉, 2학년 1학기 3단원 〈덧셈과 뺄셈〉, 3학년 1학기 1단원 〈덧셈과 뺄셈〉
- **준비물** 6-6도미노, 활동지, 연필, 지우개

✕✕✕✕✕✕✕✕✕✕✕✕✕✕✕✕✕✕✕✕✕✕✕✕✕✕✕

10개의 도미노를 연결하여 50개의 점을 가진 기차를 만드는 놀이입니다. 혼자 기차를 만들 수도 있고, 짝과 함께 서로 도와서 만들어도 좋습니다. 아이들의 수준에 따라서 도미노의 수를 줄이거나 점의 수를 바꾸는 등 조건을 여러 가지로 변형하여 활용할 수 있습니다. 암산이 힘들다면 필산을 하면서 도미노 기차를 만들도록 해주세요. 전략적으로 덧셈, 뺄셈 연습을 하는 데 많은 도움이 됩니다.

놀이 방법

1 도미노 10개를 일렬로 또는 ㄱ자, ㄹ자 모양으로 연결하여 점의 수가 50개인 기차를 만듭니다. 도미노 10개를 늘어놓는 모양은 어떤 모양이어도 괜찮습니다.

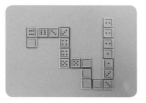
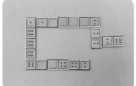
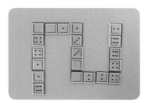

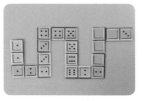
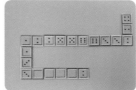
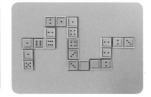

2 기차를 만들기 위해서 도미노를 연결할 때 변끼리 맞닿는 쪽 도미노의 오른쪽 점의 개수와 연결하는 도미노의 왼쪽 점의 개수가 같아야 합니다. 예를 들어 이미 놓여 있는 도미노가 ⊡∷라면 다음에 연결되는 도미노는 ∶∷이나 ∷∷와 같이 왼쪽 점의 수가 2개여야 합니다.

3 기차를 만들고 나서 활동지에 결과대로 점을 그리거나 점 대신 수를 적도록 합니다.

4 활동지에 그리고 나면 칠판에 붙여놓도록 합니다. 서로 다른 친구들이 만든 기차를 보고 점의 수가 같도록 연결했는지, 점의 수는 50이 되는지 확인하도록 합니다.

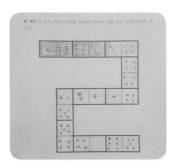

- 2명이 도미노 1세트를 가지고 서로 협동해서 조건에 맞는 기차를 만들도록 할 수 있습니다.

- 선생님께서 점의 수를 자유롭게 제시하여 아이들이 여러 가지 모양의 기차를 만들도록 합니다.

- 도미노의 점의 수를 계산하기 위해서 아이들은 주로 암산을 하는데, 암산이 힘든 저학년의 경우는 연습지에 필산으로 천천히 정확하게 합을 계산하도록 합니다.

- 도미노 10개를 늘어놓고 점의 개수를 세어보면 2~3개 차이로 점의 합이 50개가 되지 않기도 합니다. 그런 경우 아쉬워하며 처음부터 다시 시작하는 아이들이 있습니다. 처음부터 다시 하지 말고, 기차 앞뒤의 도미노, 또는 중간의 도미노 중 몇 개를 바꿔놓으면서 점의 합이 50개가 되는지 맞춰보도록 해주세요.

1-04 블록도미노와 매타도어도미노

- 교과 적용 단원 1학년 1학기 1단원 〈9까지의 수〉, 1학년 1학기 3단원 〈덧셈과 뺄셈〉, 1학년 2학기 3단원 〈덧셈과 뺄셈(1)〉, 1학년 2학기 5단원 〈덧셈과 뺄셈(2)〉
- 준비물 6-6도미노

✕✕✕✕✕✕✕✕✕✕✕✕✕✕✕✕✕✕✕✕✕✕✕✕✕

2003년 인터넷포털사이트 야후 꾸러기 수학에서 웹에서 즐길 수 있는 도미노를 발견하고, 좀 더 자세한 내용을 인터넷 검색을 통해 찾아보 았습니다. 백과사전 검색 사이트에서 도미노에 대한 설명을 보고 '블록', '매타도어'를 약간 수정하여 수업 시간에 적용하였습니다.

블록도미노

1   2명이 도미노 1세트를 가지고 놀이를 합니다.

2   28개의 도미노를 전부 뒤집어놓고 잘 섞습니다.

3   상대방에게 보이지 않도록 둘이서 각각 7개씩 가져갑니다.

4   나머지 도미노는 가운데 그냥 두고, 1개의 도미노만 점이 보이도록 뒤집어 놓습니다.

5   [⠆⠒] [⠒⠒]와 같이 점의 수가 같은 도미노를 '더블릿'이라고 하며, 최고점인 [⠿⠿]을 가지고 있는 사람이 먼저 놀이를 시작합니다. 두 사람 모두 [⠿⠿]이 없다면 점의 수가 더 많은 더블릿을 가지고 있는 사람이 먼저 놀이를 시작 합니다. 복잡하다면 그냥 가위바위보를 해서 이긴 사람이 먼저 놀이를 시작 해도 됩니다.

6 서로 번갈아가면서 점이 보이도록 뒤집어놓은 도미노의 왼쪽이나 오른쪽 점의 개수와 같은 도미노를 옆에 붙여 내려놓습니다.

- 예 : 오른쪽 점의 수가 같은 도미노를 붙인 경우
- 예 : 왼쪽 점의 수가 같은 도미노를 붙인 경우

7 도미노가 여러 개 있을 경우에는 가장 왼쪽과 오른쪽에만 도미노를 연결할 수 있습니다. 한 줄로 길게 연결해도 되고 기차 만들기처럼 ㄱ자, ㄹ자 등의 모양이 되도록 연결해도 됩니다.

8 자기 순서일 때 도미노의 점의 수를 맞춰 내려놓을 수 없는 경우에는 뒤집 어놓는 도미노들 중에서 한 개를 바꿔 가지고 가고, 상대방은 계속해서 놀 이를 진행합니다.

9 먼저 도미노를 모두 내려놓은 사람이 이깁니다.

TIP **놀이의 팁**

● 누군가 먼저 도미노를 모두 내려놓는 경우가 생기지 않고 각각 도미노를 1개 또는 2개를 가지고 있지만 더 이상 도미노를 낼 수 없는 경우가 있습니다. 이때에는 도미노를 더 적게 가지고 있는 사람이 이기는 것으로 합니다.

- 수업 시간에는 도미노 기차를 한 줄로 길게 연결하도록 하였으나, T자형으로 나열해도 됩니다.

매타도어도미노

1 4명이 도미노 1세트를 가지고 놀이를 합니다.

2 가위바위보를 해서 가장 먼저 할 사람을 결정하고, 그 사람을 기준으로 시계 반대 방향 순서대로 놀이를 하도록 합니다.

3 28개의 도미노를 전부 뒤집어놓고 잘 섞습니다.

4 상대방에게 보이지 않도록 4명이 각각 도미노를 5개씩 가져가고, 나머지는 가운데 그냥 둡니다. 그리고 1개의 도미노만 점이 보이도록 뒤집어놓습니다.

5 자기 순서가 되었을 때 도미노를 연결하면서 내려놓습니다.

6 맨 끝에 있는 도미노의 점의 수와 합이 7이 되도록 도미노를 연결합니다. 예를 들어 ⊞⊞ 다음에는 ⊡∷ 또는 ⊡∷ 등과 같이 6과 합하여 7이 되는 점이 1개 있는 도미노를 연결합니다.

7 ⊞⊡ ⊞∷ ⊞⠶ ☐☐ 도미노는 '매타도어' 또는 '트럼프'라고 하며 점의 수에 상관없이 연결하며 내려놓을 수 있습니다.

8 갖고 있는 도미노로 점의 합이 7이 되도록 만들 수 없는 경우는 가운데 뒤집어놓은 도미노 하나와 바꿔 가지고 가고, 다음 사람이 계속해서 놀이를 진행합니다.

9 먼저 도미노를 모두 내려놓는 사람이 이깁니다.

TIP 놀이의 팁

● 아이들이 낼 수 있는 도미노가 없으면 가운데 뒤집어놓은 도미노 하나와 바꿔가도록 했는데, 바꾸지 않고 가져가기만 해도 됩니다. 또 바꿔 가지고 가면 상대방에게 도미노를 내려놓을 기회가 넘어가는데, 바꿔 간 도미노를 내려놓을 수 있다면 내려놓는 기회를 주는 것으로 규칙을 변경해도 됩니다.

● 2명이 할 때는 〈블록도미노〉처럼 도미노를 각각 7개씩 가져가도록 합니다.

● 〈매타도어도미노〉를 하다 보면 연결해야 하는 도미노 한쪽 점의 개수가 '0'일 때 문제가 생깁니다. 누군가 매타도어인 ⊞∙ ⊞⠸ ⊞⠶ ⬚ 을 가지고 있다면 계속 도미노를 연결해 나갈 수 있으나 그렇지 못할 경우에는 계속 번갈아 가면서 가운데 뒤집어놓는 도미노들 중에서 가지고 있는 도미노 하나를 바꿔야 합니다. 이때 이미 연결되어 있는 도미노들 중에 ⊞∙ ⊞⠸ ⊞⠶ ⬚ 이 있는지 확인하고, 이미 이 4개의 도미노가 연결되어 있다면 도미노를 아무리 바꾸어도 더 이상 연결할 수 있는 도미노가 없으므로 놀이를 중단하고 새롭게 시작하도록 합니다.

2_ 마방진

지금으로부터 약 4천 년 전 중국 하나라의 우왕 때의 일입니다. 낙양(옛날 중국의 수도) 남쪽에 황하의 한 물줄기인 낙수(洛水)라는 강이 있었는데, 해마다 물이 넘쳐 비옥한 토지가 물에 잠겨 물바다가 되고는 했습니다. 이런 피해를 없애려고 둑을 쌓는 공사를 하고 있는데 강 한복판에서 거북이가 나타난 이후로는 홍수가 그쳤다고 합니다. 그 거북이 등에는 신비한 무늬가 새겨져 있었고, 오랜 궁리 끝에 사람들은 거북이의 등에 새겨진 무늬를 1부터 9까지의 숫자로 가로, 세로 모두 세 개씩 나타냈습니다. 그런데 참으로 놀랍게도 이 숫자들은 가로, 세로, 대각선 어느 방향으로 더하든지 합이 15가 되는 신기한 무늬였습니다.

거북이 등에 새겨진 무늬를 발견한 이후로 중국에서는 방진 놀이가 유행했고, 인도, 페르시아, 아라비아의 상인들에 의해 서아시아, 남아시아, 유럽에도 전해졌는데, 유럽에서 방진을 'Magic square'라고 부르면서 '마방진(魔方陣)'이라고 널리 불리게 되었습니다.

가로, 세로의 칸이 각각 세 개씩 3×3 모양으로 되어 있는 것을 3차 마방진, 4×4 모양은 4차 마방진, 5×5 모양은 5차 마방진이라고 부릅니다. 마방진의 의미를 이해하고 3차 마방진, 4차 마방진 등 마방진을 직접 만들어봄으로써 기본적인 계산 능력과 수감각, 집중력을 키울 수 있습니다. 또한 마방진에서 패턴을 찾는 활동을 통해 수학적 사고력과 문제해결력을 향상시킬 수 있으며 수학에 대한 관심과 흥미를 이끌 수 있습니다.

2-01 마방진 만들기

- **교과 적용 단원** 1학년 1학기 3단원 〈덧셈과 뺄셈〉, 1학년 2학기 3단원 〈덧셈과 뺄셈(1)〉, 1학년 2학기 5단원 〈덧셈과 뺄셈(2)〉, 2학년 1학기 3단원 〈덧셈과 뺄셈〉, 3학년 1학기 1단원 〈덧셈과 뺄셈〉, 6학년 2학기 6단원 〈여러 가지 문제〉
- **준비물** 활동지, 연필, 지우개, 색연필, 사인펜

×××××××××××××××××××××××××××

마방진의 의미를 이해하고, 3차 마방진, 4차 마방진, 5차 마방진을 직접 만들어보는 활동을 통하여 계산, 암산 능력과 수학적 사고력을 키울 수 있습니다. 저학년은 종이에 직접 계산해 보고, 고학년이나 암산이 가능한 어린이는 암산을 하며 가로, 세로, 대각선의 합이 같도록 마방진을 만들어보도록 합니다.

놀이 방법

1   거북 등에 새겨진 무늬가 무엇을 의미하는지 예상해서 자유롭게 발표합니다. 이때, 점의 수를 세어 수들의 관계를 찾아보도록 합니다.

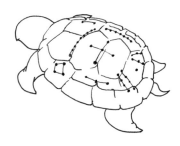

2 선생님께서 마방진의 역사와 유래, 거북이 등에 새겨진 무늬 수가 의미하는 것을 설명합니다. 가로줄 '4, 9, 2', '3, 5, 7', '8, 1, 6'의 각각의 합과 세로줄 '4, 3, 8', '9, 5, 1', '2, 7, 6'의 각각의 합, 두 대각선 '4, 5, 6', '2, 5, 8'의 각각의 합은 모두 15가 됩니다.

3 마방진의 원리에 따라서 3차 마방진을 만들도록 합니다.

4 3차 마방진을 만들고 난 후 다른 친구들과 겹치지 않는 것만 칠판에 붙여놓

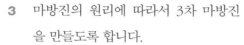

은 3×3표에 적습니다. 이때 뒤집거나 돌려서 같은 것은 다른 경우로 인정합니다.

5 3차 마방진을 만든 아이들은 4차 마방진, 5차 마방진 중 원하는 마방진을 만들도록 합니다.

6 4차 마방진은 1부터 16까지, 5차 마방진은 1부터 25까지의 숫자를 한 번씩 사용하여 가로, 세로, 대각선의 합이 같도록 만들어야 합니다. 한 줄의 합이 얼마가 되어야 할지 생각해 보며 4차 마방진 또는 5차 마방진을 만들도록 합니다.

7 4차 마방진, 5차 마방진을 만들고 난 후 다른 친구들과 겹치지 않는 것만 교실 뒤 게시판에 붙입니다.

놀이의 팁

● 3차 마방진을 찾을 때 3×3 표에 숫자를 직접 적어보며 찾아봐도 되지만, 작은 종이에 1부터 9까지의 숫자를 적은 후 이 숫자를 움직여가며 3차 마방진을 만들고 난 후 최종적으로 활동지에 적도록 하는 것이 더 효과적입니다. 4차, 5차 마방진을 만들 때도 이 방법을 활용하면 좋습니다.

 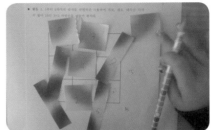

● 자신이 찾은 마방진과 친구들이 찾은 마방진을 서로 비교하여 숫자의 배열을 관찰하도록 합니다. 이미 만들어놓은 마방진을 가운데나 대각선을 중심으로 뒤집거나 회전시키면 새로운 마방진을 발견할 수 있습니다.

● 4차 마방진은 가로, 세로, 대각선의 합이 34이고, 5차 마방진은 가로, 세로, 대각선의 합이 65입니다. 저학년의 경우는 처음부터 합을 알려주고 그에 따라 숫자를 배열하도록 하고, 고학년의 경우는 스스로 생각하여 합을 찾도록 합니다.

● 3차 마방진의 가로, 세로, 대각선의 합을 다음과 같이 구할 수 있습니다. 1부터 9까지의 합은 1+2+3+4+5+6+7+8+9=45이므로 45입니다. 3차 마방진은 세로 3줄이 있으므로 45÷3=15, 따라서 가로, 세로, 대각선의 합이 15가 되어야 합니다. 다른 마방진의 가로, 세로, 대각선의 합도 같은 방법으로 구할 수 있습니다.

● 3차 마방진은 힌트를 주지 않아도 대부분의 아이들이 만들어냅니다. 하지만, 4차 마방진과 5차 마방진은 어려우므로 저학년의 경우는 3차 마방진 이외에 추가로 4차 마방진만 시도하도록 합니다. 이때 가로, 세로, 대각선의 합이 34라는 것과 다음과 같이 숫자 몇 개를 힌트로 제시하고 만들도록 해도 좋습니다.

16			13
4			1

- 5차 마방진은 고학년도 만들기 어려워합니다. 힌트를 원하는 아이들이 있다면 다음과 같은 순서로 힌트를 주어도 좋습니다. 처음에는 가운데 13이 들어간다는 것을 알려주고, 다음에는 11, 3, 23, 15를 알려줍니다. 힌트를 더 원할 경우에는 아래와 같이 숫자를 알려주었습니다. 물론 힌트를 원하지 않고 스스로 도전하는 아이들에게는 되도록 힌트를 주지 않았습니다.

11		7		3
	12		8	
17		13		9
	18		14	
23		19		15

- 4차 마방진은 880개, 5차 마방진은 275,305,224개를 만들 수 있는 것으로 알려져 있습니다. 어렵지만 도전의식을 가지고 한 가지는 찾아볼 수 있도록 격려해 주세요.

- 4차 마방진과 5차 마방진을 만들 때 합을 정확하게 구하고 있는지 확인하기 위해서 짝끼리 서로 도와서 하나의 마방진을 만드는 것도 좋은 방법입니다.

- 교실 뒤 게시판에 일주일 동안 4차 마방진, 5차 마방진을 찾아서 자기의 이름을 적어서 게시하도록 하면 수업 시간 이후에도 관심을 갖고 활동을 계속하는 데 동기 부여가

됩니다. 6학년 아이들에게 일주일간의 시간을 주어서 평소에도 관심을 갖고 찾아보도록 하니 수업 다음 날부터 몇 명의 아이들이 답을 게시하고 6차 마방진을 찾기도 했습니다.

● 칠판에 적은 3차 마방진이나 게시판에 게시한 4차 마방진, 5차 마방진에서 혹시나 틀린 답이 있는지 찾아보도록 합니다. 이 방법은 친구들이 찾은 마방진에도 관심을 가지고 확인하는 데 효과적입니다. 또한 확인하는 과정을 통해 덧셈 암산 연습도 할 수 있습니다.

● 선생님께서는 마방진 표를 미리 잘라서 바구니에 담아 준비하세요. 아이들이 만든 마방진을 옮겨 적은 후에 게시판에 깔끔하게 게시할 수 있습니다.

● 짝수 마방진과 홀수 마방진을 쉽게 만드는 방법이 있습니다. 일주일의 시간을 주고 4차 마방진과 5차 마방진을 찾도록 한 뒤 짝수 마방진과 홀수 마방진 만드는 방법을 설명해 주어도 좋습니다. 짝수 마방진은 4차, 6차, 8차 마방진 등을 말하고, 홀수 마방진은 3차, 5차, 7차 마방진 등을 말합니다.

홀수 마방진 만들기

1 가로, 세로 각 3칸짜리 표를 만듭니다.
2 1부터 9까지의 숫자를 다음과 같이 3개씩 대각선으로 적습니다.

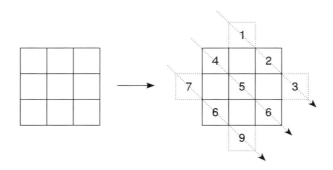

3 표 밖으로 나간 숫자는 표 안에 넣어줘야 합니다. 표 밖으로 나간 숫자를 가로, 세로 직선으로 가장 먼 쪽의 칸 안에 넣습니다. 예를 들면, 7은 5의 오른쪽 칸에, 3은 5의 왼쪽 칸에 적습니다.

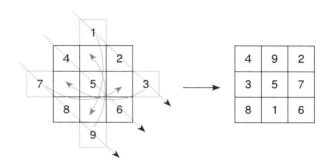

4 위와 같은 방법으로 5차 마방진도 쉽게 만들 수 있습니다.

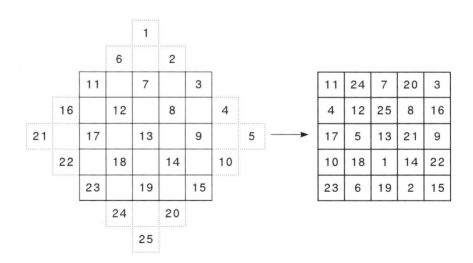

짝수 마방진 만들기

1 4, 8, 12차와 같이 한 줄의 칸의 수가 4의 배수인 마방진을 만들 수 있는 방법입니다. 4×4 표에 1부터 16까지 숫자를 순서대로 써 넣습니다.

1	2	3	4
5	6	7	8
9	10	11	12
13	14	15	16

2 양쪽으로 대각선을 그은 후 먼 곳의 숫자끼리, 가까운 곳의 숫자끼리 자리를 바꿔 적습니다.

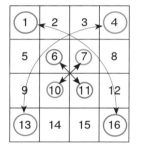

16	2	3	13
5	11	10	8
9	7	6	12
4	14	15	1

2-02 마방진에 숨은 패턴 찾기

- **교과 적용 단원** 1학년 1학기 3단원 〈덧셈과 뺄셈〉, 1학년 2학기 3단원 〈덧셈과 뺄셈(1)〉, 1학년 2학기 5단원 〈덧셈과 뺄셈(2)〉, 2학년 1학기 3단원 〈덧셈과 뺄셈〉, 2학년 2학기 6단원 〈규칙 찾기〉, 3학년 1학기 1단원 〈덧셈과 뺄셈〉, 6학년 2학기 6단원 〈여러 가지 문제〉
- **준비물** 활동지, 계산기, 연필, 지우개, 색연필, 사인펜

××××××××××××××××××××××××××

벤자민 플랭클린(Benjamin Franklin)이 만든 8차 마방진과 브라운 주니어(C. A. Browne Jr.)가 만든 27차 마방진을 활용하여 패턴을 찾는 놀이입니다. 8차 마방진에서는 합이 260이 되는 숫자 패턴을 찾는 놀이를 할 수 있고, 27차 마방진에서는 마방진을 다시 9차 마방진, 3차 마방진으로 나누어 합을 구하여 규칙을 찾는 놀이를 할 수 있습니다.

8차 마방진

1 벤자민 플랭클린(Benjamin Franklin)이 만든 8차 마방진을 인쇄한 활동지를 나누어줍니다.
2 가로, 세로, 대각선의 합이 얼마인지 계산해 보도록 합니다. 이때 필산이나 암산을 해도 되고 계산기를 사용해도 됩니다.
3 8차 마방진은 대각선의 합을 제외하고 가로, 세로의 합이 260입니다.
4 이 마방진에는 수의 합이 260이 되는 8개의 숫자 패턴이 숨어 있습니다. 다음 패턴을 참고하여 다양한 모양의 숫자 패턴을 찾아보도록 합니다.

52	61	4	13	20	29	36	45
14	3	62	51	46	35	30	19
53	60	5	12	21	28	37	44
11	6	59	54	43	38	27	22
55	58	7	10	23	26	39	42
9	8	57	56	41	40	25	24
50	63	2	15	18	31	34	47
16	1	64	49	48	33	32	17

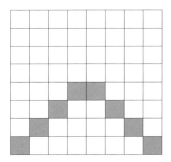
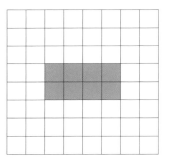

5 패턴을 예상한 후 8개의 수를 연필로 살짝 표시합니다.

6 8개 수의 합이 260이 맞는지 확인합니다. 맞으면 색연필이나 사인펜으로 패턴이 잘 드러나도록 색칠합니다.

7 활동지에는 6개의 패턴을 찾을 수 있도록 되어 있는데, 다 찾은 아이들은 활동지를 더 가져가서 찾아보도록 합니다.

8 위치만 다르고 같은 모양만 찾고 있다면 다양한 모양의 패턴을 찾도록 격려합니다.

9 아이들이 각자 10개 내외의 패턴을 찾으면 교실을 자유롭게 다니며 다른 친구들이 찾은 패턴을 관찰하도록 합니다.

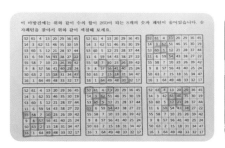 

10 친구들의 패턴을 참고하여 내가 찾지 못한 다른 모양의 패턴을 더 찾아 색칠하도록 합니다.

11 수업을 마치고 지금까지 찾은 패턴을 표시한 활동지를 칠판에 붙이고 함께 살펴봅니다.

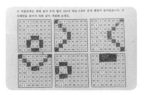 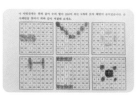 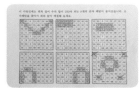

- 수를 더할 때 필산이나 암산으로 하면 계산 연습이 되어 좋지만, 8차 마방진에서는 패턴을 찾는 것이 목표이므로 계산 속도가 느린 아이들은 계산기 사용을 허용해 주었습니다.

- 계산기를 사용할 경우에는 먼저 계산기 사용 방법을 설명해 줍니다. 휴대폰에 있는 계산기를 사용할 때는 문자를 쓰듯이 양손으로 하는 것보다는 바닥에 내려놓고 한 손으로 숫자를 하나씩 누르면서 계산을 하도록 하는 것이 더 빠르고 정확합니다.

- 2가지 패턴을 예시로 제시하면 아이들이 패턴의 위치만 바꾸어 같은 모양의 패턴을 찾는 경우가 많습니다. 물론 이러한 방법도 허용해 주고, 그외 다른 모양도 생각하여 패턴을 찾도록 격려합니다.

- 한 장의 활동지에 6개의 패턴을 찾아 표시할 수 있는데 이 활동지를 하나씩 완성할 때마다 칠판에 붙이면 다른 친구들이 스스로 생각하는 기회가 없어질 수 있으므로 수업이 끝난 후, 칠판에 붙이도록 합니다.

- 활동지를 칠판에 붙이면 친구들이 찾은 패턴과 내가 찾은 패턴을 바로 비교해 볼 수 있어 아이들이 흥미롭게 관찰합니다.

- 아이들은 패턴을 하나씩 찾을 때마다 굉장히 뿌듯해 하고 패턴을 찾는 과정에 매우 즐겁게 참여합니다. 또한 다른 친구들이 찾지 못한 패턴을 찾은 친구들에게 서로 칭찬해 주는 모습을 볼 수 있습니다.

- 40분 내내 아이들이 집중하여 즐겁게 참여합니다. 저학년, 고학년 모두 즐겁게 참여할 수 있는 놀이입니다.

27차 마방진

1   브라운 주니어(C. A. Browne Jr.)가 만든 27차 마방진을 인쇄한 활동지를 나누어주고, 칠판에는 크게 인쇄한 마방진을 붙여놓습니다.

2 가로, 세로, 대각선의 합이 얼마인지 마방진에서 임의로 몇 줄을 선택하여 계산하도록 합니다.

3 각각의 합이 얼마인지 질문합니다. 가로, 세로, 대각선 어느 방향으로 더하든지 합은 9,855입니다.

4 아이들에게 나눠준 27차 마방진은 한 줄이 9칸이 되도록 9차 마방진으로 나누어 굵은 선을 그어두었습니다. 9개의 9차 마방진이 마방진이 맞는지 확인해 봅니다. 9차 마방진의 가로, 세로, 대각선의 합을 구해서 비교해 봅니다. 어떤 9차 마방진이든지 가로, 세로, 대각선의 합이 같습니다.

5 빨간색 사인펜으로 9차 마방진을 한 줄이 3칸이 되도록 3차 마방진으로 나누도록 합니다. 자를 대지 않고 그어도 됩니다.

6 81개의 3차 마방진의 가로, 세로, 대각선의 합을 구해서 마방진이 맞는지 확인해 보도록 합니다. 3차 마방진은 가로, 세로, 대각선의 합이 같습니다.

7 이제 각 3차 마방진의 가로, 세로, 대각선의 합을 구하여 3차 마방진에 사인펜으로 적습니다. 모둠별로 3차 마방진을 2줄씩 맡아서 합을 구하여 적습니다.

8 자신이 구한 합이 맞는지 모둠별로 함께 확인합니다.

9 합을 확인한 후 모둠 대표가 정확한 합을 칠판에 붙여놓은 마방진 위에 사인펜으로 적습니다.

10 다른 모둠이 찾은 합을 자기 마방진에 옮겨 적습니다.

11 새로운 3차 마방진이 9개가 생겼습니다. 새로운 3차 마방진과 9차 마방진은 어떤 관계가 있는지 찾아봅니다.

12 새로운 3차 마방진의 가로, 세로, 대각선의 합은 기존의 9차 마방진의 가로, 세로, 대각선의 합과 같습니다. 예를 들어 첫째 줄 3번째 3차 마방진의 가로, 세로, 대각선 각각의 합은 1,098로 이 9차 마방진의 가로, 세로, 대각선 각각의 합과 같습니다.

13 새로운 3차 마방진의 가로, 세로, 대각선의 합을 마방진 위에 굵은 사인펜으로 적습니다.

14 또 다른 3차 마방진이 만들어졌습니다. 이 마방진의 가로, 세로, 대각선의 합을 구하여 27차 마방

진의 가로, 세로, 대각선의 합과 비교해 보도록 합니다. 합이 서로 같다는 것

을 알 수 있습니다.

TIP 놀이의 팁

- 27차 마방진은 수가 커서 계산이 복잡하므로 계산기를 활용하도록 합니다. 계산 연습이 목적인 경우에는 필산을 하도록 해도 좋습니다.

- 81개의 3차 마방진의 가로, 세로, 대각선 각각의 합을 구할 때 각자 81개의 계산을 하기에는 시간이 많이 걸리므로 모둠별로 나누어 계산하도록 합니다. 같은 모둠끼리는 같은 마방진을 계산하게 되므로 모둠끼리 구한 합이 같은지 확인하여 정확한 합을 구하도록 합니다.

- 3차 마방진에 선을 긋고 합을 구하고 맞춰본 후 칠판에 적는 데만 꼬박 40분이 걸립니다. 놀이 시간이 부족하다면 27차 마방진의 특징을 찾는 데 집중하도록 하기 위해서 3차 마방진의 가로, 세로, 대각선의 합이 적힌 27차 마방진을 준비해서 나누어주는 것도 좋습니다.

3_ 이진수 카드 마술

'2562'는 1씩 2개, 10씩 6묶음, 100씩 5묶음, 1000씩 2묶음을 나타내는 수입니다. 10씩 한 묶음으로 수를 나타내서 자리가 하나씩 올라갈 때마다 10배씩 커지도록 수를 나타내고 있습니다. 이러한 방법을 십진법이라고 하고 십진법에 따라 나타낸 수를 십진수라고 합니다. 그래서, 2562에서 똑같은 숫자 2는 위치에 따라서 앞의 2는 2000을 나타내고, 뒤의 2는 2를 나타냅니다.

십진법과 달리 2씩 한 묶음으로 수를 나타내는 방법을 이진법이라고 하고 이진법에 따라 나타낸 수를 이진수라고 합니다. 이진법은 두 개를 한 묶음으로 하여 자리가 하나씩 올라갈 때마다 2배씩 커집니다.

이진법에 따라 나타낸 이진수를 사용하여 친구가 생각한 수를 맞추는 마술을 할 수 있습니다. 2가지 방법으로 카드를 만들어 이진수 카드 마술을 해보세요. 단순한 눈속임이 아닌 수학의 원리를 이용한 마술! 마술에도 이와 같이 수학을 이용한다는 사실을 아는 순간, 아이들은 수학을 더 재미있게 느낍니다.

3-01 카드 마술 1

- **교과 적용 단원** 1학년 1학기 5단원 〈50까지의 수〉, 1학년 1학기 3단원 〈덧셈과 뺄셈〉, 1학년 2학기 3단원 〈덧셈과 뺄셈(1)〉, 1학년 2학기 5단원 〈덧셈과 뺄셈(2)〉, 2학년 1학기 3단원 〈덧셈과 뺄셈〉, 3학년 1학기 1단원 〈덧셈과 뺄셈〉, 6학년 2학기 2단원 〈여러 가지 문제〉
- **준비물** 활동지, 가위

×××××××××××××××××××××××××

친구가 마음속으로 선택한 수를 알아맞히는 카드 마술입니다. 이진수를 이용하여 5장의 카드를 만들어 친구가 선택한 수를 알아맞혀 보세요. 놀이 방법에서 소개한 카드는 1에서 31까지의 수가 적혀 있지만, 이보다 큰 수를 포함하여 선택할 수 있는 수가 더 많도록 카드를 만들수도 있습니다.

놀이 방법

1   놀이에 앞서 선생님께서 먼저 카드 5장을 만들어놓고, 칠판에 카드를 붙여놓습니다.

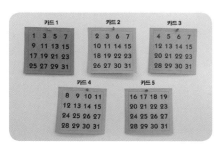

2 아이들 중 1명을 선택하여 카드에 적힌 수 중 1개를 마음속으로 선택하게 합니다. (예 : 아이가 22를 선택했어요!)

3 아이에게 선택한 수가 적혀 있는 카드 번호를 모두 말하라고 합니다. 카드 번호는 어떤 카드를 선택했는지 말하기 위해 편의상 붙인 것입니다. (예 : 22 가 적혀 있는 카드는 카드2, 카드3, 카드5입니다.)

4 카드를 바라보면서 아이가 말한 카드의 첫째 줄 맨 왼쪽의 수를 모두 더합니다. (예 : 아이가 카드2, 카드3, 카드5를 선택했으므로 카드2의 '2', 카드3의 '4', 카드 5의 '16'을 더합니다. 합은 22입니다. 아이가 선택한 수는 바로 '22'입니다.)

5 아이가 선택한 수는 22라고 말해 줍니다.

6 이제 아이들에게 5장의 카드를 편집한 A4 1장씩을 나누어주고 카드를 오리도록 합니다.

7 선생님께서 하신 방법에 따라 짝이 생각한 수를 맞춰보는 마술을 해봅니다.

8 아이들이 이해할 수 있다면 마술의 비법을 설명해 주고, 이해하지 못한다면 이것은 이진법과 이진수를 활용한 마술이며 이와 같이 수학을 활용하여 마술을 할 수 있다는 정도만 설명해 줍니다.

9 5장의 카드를 가지고 가서 가족 또는 다른 반 친구들에게 마술을 해보도록 합니다.

● 수학 마술의 비법은 다음과 같습니다.

각 수들을 살펴보면서 이진법으로 나타낸 수의 첫째 자리에 1이 있으면 순서대로 카드1에 적고, 둘째 자리에 1이 있으면 순서대로 카드2에 적었습니다. 셋째 자리에 1이 있으면 카드3에 적고, 넷째 자리에 1이 있으면 카드4, 다섯째 자리에 1이 있으면 카드5에 적었습니다. 각 카드의 첫줄 맨 왼쪽의 수인 1, 2, 4, 8, 16을 이진수로 바꾼 수는 각각 첫째 자리, 둘째 자리, 셋째 자리, 넷째 자리, 다섯째 자리만 1이 됩니다. 따라서 상대방이 선택한 숫자 22를 이진수로 나타내면 $10110_{(2)}$이고 이 수는 둘째 자리, 셋째 자리, 다섯째 자리가 1이므로 각 카드의 첫줄 맨 왼쪽의 수를 더하여 반대로 십진수 22를 찾을 수 있는 것입니다. 이와 같은 원리를 이용하여 더 큰 수를 포함한 마술 카드를 만들 수 있습니다.

십진수	이진수	십진수	이진수	십진수	이진수	십진수	이진수
1	$1_{(2)}$	9	$1001_{(2)}$	17	$10001_{(2)}$	25	$11001_{(2)}$
2	$10_{(2)}$	10	$1010_{(2)}$	18	$10010_{(2)}$	26	$11010_{(2)}$
3	$11_{(2)}$	11	$1011_{(2)}$	19	$10011_{(2)}$	27	$11011_{(2)}$
4	$100_{(2)}$	12	$1100_{(2)}$	20	$10100_{(2)}$	28	$11100_{(2)}$
5	$101_{(2)}$	13	$1101_{(2)}$	21	$10101_{(2)}$	29	$11101_{(2)}$
6	$110_{(2)}$	14	$1110_{(2)}$	22	$10110_{(2)}$	30	$11110_{(2)}$
7	$111_{(2)}$	15	$1111_{(2)}$	23	$10111_{(2)}$	31	$11111_{(2)}$
8	$1000_{(2)}$	16	$10000_{(2)}$	24	$11000_{(2)}$		

● 선생님용 카드는 카드 하나를 A4에 가득 차도록 크게 인쇄하여 칠판에 붙여놓고 활용하면 좋습니다.

- 선생님의 시범 후에 각자 자신의 마술 카드를 오리도록 했는데, 아이들에게 5장을 오리게 한 후 선생님께서 시범을 보이고 친구들과 함께 마술을 해보도록 해도 좋습니다.

- 아이들이 사용하는 마술 카드를 튼튼하게 만들려면 활동지를 두꺼운 종이에 붙이거나, 두꺼운 A4로 인쇄합니다.

- 친구나 가족에게 마술을 보여줄 때는 카드 번호를 매기지 않고, "카드에 적힌 수 중 1개를 마음속으로 선택하세요"라고 말한 후 "이 카드에 있습니까?"라고 물어보고 숫자가 적힌 카드와 적혀 있지 않은 카드를 따로 분리해 놓는 방법을 사용하도록 합니다.

- 놀이 방법에 따라서 마지막에 수를 더하는 것은 1학년도 할 수 있습니다. 수학을 활용하여 마술을 할 수 있다는 사실을 알게 함으로써 수학에 흥미를 갖게 하는 데 매우 효과적이므로 마술 비법을 무리하게 이해시키지 않도록 합니다.

카드 마술 2

- **교과 적용 단원** 1학년 1학기 3단원 〈덧셈과 뺄셈〉, 1학년 1학기 5단원 〈50까지의 수〉, 1학년 2학기 3단원 〈덧셈과 뺄셈(1)〉, 1학년 2학기 5단원 〈덧셈과 뺄셈(2)〉, 2학년 1학기 3단원 〈덧셈과 뺄셈〉, 3학년 1학기 1단원 〈덧셈과 뺄셈〉, 6학년 2학기 2단원 〈여러 가지 문제〉
- **준비물** 활동지, 가위, 풀, 투명테이프

✕✕✕✕✕✕✕✕✕✕✕✕✕✕✕✕✕✕✕✕✕✕✕✕✕✕

이진수를 이용한 두 번째 카드 마술입니다. 회색 부분을 오려서 카드를 겹쳐보며 친구가 생각한 수를 맞추는 마술입니다. 오릴 때는 안전에 유의하도록 지도해 주세요. 첫 번째 카드 마술과 달리 선생님의 마술 시범은 아이들이 마술 카드를 오린 후에 하는 것이 좋습니다.

마술 카드 만들기

1 활동지를 준비합니다.

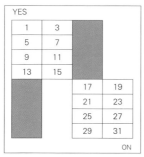

카드1

카드2

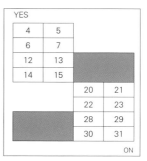

카드3

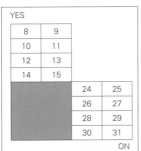
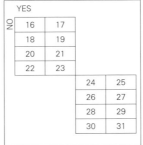

카드4

YES	
8	9
10	11
12	13
14	15

	24	25
	26	27
	28	29
	30	31

(ON)

카드5

YES	
16	17
18	19
20	21
22	23

	24	25
	26	27
	28	29
	30	31

카드6

16	17	6	4	2	
18	19				
20	21	7	5	3	1
22	23				
14 12 10 8			24	25	
15 13 11 9			26	27	
			28	29	
			30	31	

카드4   카드5   카드6

2 아이들에게 활동지를 나누어주고, 6장의 카드를 각각 1장씩 가장자리 테두리대로 모두 오리도록 합니다.

3 카드1부터 카드4까지는 회색 사각형 부분을 오려내서 사각형 칸을 뚫습니다. 이때 회색 부분을 살짝 접어 가위로 조금 자른 다음 그 사이로 가위를 넣어 오리도록 합니다. 또는 정확하게 반을 접어서 한번에 오려냅니다.

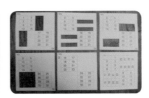

4 카드5와 카드6은 뒷면에 풀칠을 해서 1장의 카드가 되도록 합니다. 이때 다음과 같이 카드5와 카드6을 16이 바르게 보이도록 놓은 후 뒷면을 맞붙입니다. 카드는 모두 5장이 되었습니다.

5 선생님께서 아이 한 명에게 마음속으로 수를 선택하도록 한 후 뒤에 나오는 놀이 방법에 따라 수를 맞추는 시범을 보여주세요.

6 선생님께서 하신 방법에 따라 짝이 생각한 수를 맞춰보는 마술을 해보도록
합니다.

7 〈카드 마술1〉과 같이, 아이들이 이해할 수 있다면 마술 비법을 설명해 주고,
이해하지 못한다면 이것은 이진법과 이진수라는 것을 활용한 마술이며 이
와 같이 수학을 활용하여 마술을 할 수 있다는 정도만 설명해 줍니다.

8 5장의 카드를 가지고 가서 가족 또는 다른 반 친구들에게 마술을 해보도록
합니다.

놀이 방법

1 친구에게 1부터 31까지의 수 중에서 한 가지 수를 마음속으로 선택하도록
하세요. (예 : 친구가 21을 선택했어요.)

2 친구에게 카드1을 보여주면서 마음속으로 생각한 수가 있는지 물어봅니다.

있다고 하면 왼쪽 위에 써 있는 YES가 바르게 보이도록 카드1을 그대로 책상 위에 올려놓습니다. 없다고 하면 오른쪽 아래에 써 있는 NO가 바르게 보이도록 카드1을 반 바퀴 돌려서 책상 위에 올려놓습니다. (예 : 21을 선택했으므로 그대로 놓아요.)

3 이번에는 친구에게 카드2를 보여주면서 마음속으로 생각한 수가 있는지 물어봅니다. 친구의 대답에 따라 카드를 그대로, 또는 반 바퀴 돌린 후 카드1 위에 겹쳐놓습니다. (예 : 21이 없으므로 반 바퀴 돌려서 카드1 위에 겹쳐놓아요.)

4 카드3을 보여주면서 마음속으로 생각한 수가 있는지 물어봅니다. 친구의 대답에 따라 카드를 그대로, 또는 반 바퀴 돌린 후 카드2 위에 겹쳐놓습니다. (예 : 21이 있으므로 그대로 카드2 위에 겹쳐놓아요.)

5 카드4를 보여주면서 마음속으로 생각한 수가 있는지 물어봅니다. 친구의 대답에 따라 카드를 그대로, 또는 반 바퀴 돌린 후 카드3 위에 겹쳐놓습니다. (예 : 21이 없으므로 반 바퀴 돌려서 카드3 위에 겹쳐놓아요.)

6 카드5를 보여주면서 마음속으로 생각한 수가 있는지 물어봅니다. 친구의 대답에 따라 카드를 그대로, 또는 반의 반 바퀴 돌린 후 카드4 위에 겹

쳐놓습니다. 있다고 하면 왼쪽 위에 써 있는 YES가 바르게 보이도록 카드5
를 그대로 카드4 위에 겹쳐놓습니다. 없다고 하면 왼쪽 위에 써 있는 NO가
바르게 보이도록 카드5를 시계 방향으로 반의 반 바퀴 돌려서 카드4 위에
겹쳐놓습니다. (예 : 21이 있으므로 그대로 카드4 위에 겹쳐놓아요.)

7 이제 책상 위에 겹쳐놓은 카드 5장을 한꺼번
에 집어서 뒤집어 친구에게 보여주며 "네가 선
택한 수는 21이야!"라고 말해 주세요. 보이는
수가 바로 친구가 선택한 수입니다.

TIP 놀이의 팁

● 수학 마술 비법은 다음과 같습니다. 1부터 31까지의 수 중에서 이진법으로 나타낸 수의
첫째 자리에 1이 있으면 카드1에 적고, 둘째 자리에 1이 있으면 카드2에 적었습니다. 셋
째 자리에 1이 있으면 카드3에 적고, 넷째 자리에 1이 있으면 카드4, 다섯째 자리에 1이
있으면 카드5에 적었습니다. 각 카드에 친구가 생각한 숫자가 있는지 없는지에 따라서 카
드를 그대로 놓거나 돌려놓다 보면 적혀 있는 숫자들이 겹쳐진 카드의 사각형을 통해서 보
이도록 네모난 칸을 뚫어놓은 것입니다.

● 회색 부분을 자를 때 칼을 사용하는 것이 편리하지만 위험하므로 회색 부분을 살짝 접어
가위로 조금 자른 다음 그 사이에 가위를 넣어 오리도록 하면 좋습니다.

● 회색 부분을 자르다가 실수로 자르면 안 되는 부분을 자르는 경우가 있는데, 이때에는 투
명테이프로 붙여주었습니다. 너무 정교하게 오리지 않아도 되므로 오리는 데 스트레스를
받지 않도록 합니다.

● 친구가 선택한 수가 있는 카드를 책상 위에 올려놓는 대신 내 손바닥 위에 순서대로 올려
놓는 것도 좋습니다. 그럼, 카드를 놓는 방향이 덜 헷갈립니다.

● 수의 개수를 줄이거나 늘인 마술 카드를 다음과 같이 만들 수 있습니다.

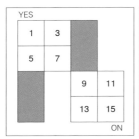

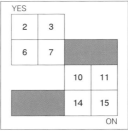

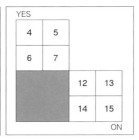

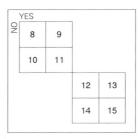

1부터 15까지의 수가 있는 마술 카드

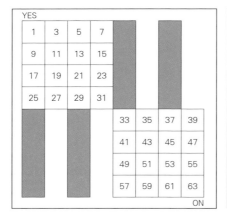

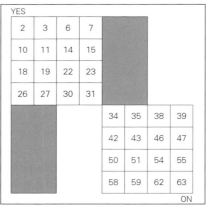

YES

4	5	6	7				
12	13	14	15				
20	21	22	23				
28	29	30	31				
				36	37	38	39
				44	45	46	47
				52	53	54	55
				60	61	62	63

ON

YES

8	9	10	11				
12	13	14	15				
24	25	26	27				
28	29	30	31				
				40	41	42	43
				44	45	46	47
				56	57	58	59
				60	61	62	63

ON

YES

16	17	18	19				
20	21	22	23				
24	25	26	27				
28	29	30	31				
				48	49	50	51
				52	53	54	55
				56	57	58	59
				60	61	62	63

ON

YES — **ON**

32	33	34	35				
36	37	38	39				
40	41	42	43				
44	45	46	47				
				48	49	50	51
				52	53	54	55
				56	57	58	59
				60	61	62	63

32	33	34	35	12	8	6	
36	37	38	39	13	9	5	1
40	41	42	43	14	10	6	2
44	45	46	47	15	11	7	3
28	24	20	16	48	49	50	51
29	25	21	17	52	53	54	55
30	26	22	18	56	57	58	59
31	27	23	19	60	61	62	63

1부터 63까지의 수가 있는 마술 카드

4_ 에라토스테네스의 체

2.345와 0.3과 같은 수를 소수(小數)라고 합니다. 그런데, 약수가 1과 자신밖에 없는 수도 소수(素數)라고 합니다. 아직까지 어떤 수가 소수인지 아닌지 확인하는 방법은 알려져 있지 않은데요, 고대 그리스의 수학자 에라토스테네스가 소수를 한번에 쉽게 찾을 수 있는 방법을 생각해 냈습니다. 그 방법을 우리는 '에라토스테네스의 체(Eratosthenes' sieve)'라고 부른답니다.

'체'란 곡물이나 모래 등을 알갱이의 크기에 따라 나눌 때 사용하는 도구로, 체의 구멍보다 작은 것은 체 아래로 빠져나가고, 체의 구멍보다 큰 것은 체에 남아 알갱이를 크기별로 거르는 데 사용합니다. 이와 비슷한 방법으로 에라토스테네스의 체를 사용하면 소수가 아닌 것은 모두 빠져나가고, 소수만 남게 할 수 있습니다.

배수와 약수를 공부할 때 에라토스테네스의 체를 활용하여 배수와 약수의 개념도 익히고 배수와 약수를 활용하여 보다 깊이 있는 수학적 활동을 할 수 있습니다.

4-01 수표를 이용한 배수 찾기

- **교과 적용 단원** 2학년 1학기 6단원 〈곱셈〉, 2학년 2학기 2단원 〈곱셈구구〉, 2학년 2학기 6단원 〈규칙 찾기〉, 3학년 1학기 4단원 〈곱셈〉, 5학년 1학기 1단원〈약수와 배수〉
- **준비물** 수표, 색연필, 사인펜

××××××××××××××××××××××××

1부터 100까지 적힌 수표는 저학년에서 자연수를 배울 때 많이 사용하는데, 이 수표에 어떤 수의 배수를 표시하고 표시한 모양을 보며 특징을 찾아보는 활동에 활용할 수 있습니다. 또한 표시된 모양의 특징을 통해 약수도 함께 생각해 볼 수 있습니다.

2의 배수 찾기

1 약수와 배수의 개념을 알아봅니다.

2 수표에서 2의 배수를 찾아 사인펜으로 색칠하도록 합니다.

3 2의 배수를 색칠한 모양이 어떻게 생겼는지 발표합니다. 아이들은 막대 모양, 젓가락 모양, 일자 모양, 창살 모양, 줄무늬 등이라고 말합니다.

4 2의 배수와 같은 모양으로 색칠한 수는 몇의 배수일지 예상하여 발표하도록 합니다.

5 자신의 생각이 맞는지 하나의 수를 선택하여 그 수의 배수를 직접 색칠해서 확인하도록 합니다. 새로운 수표에 색칠하여 확인해 보거나, 2의 배수를 칠한 수표 위에 다른 색으로 색칠하여 확인합니다. 4의 배수라고 말하는 아이들이 많은데 실제 색칠해 보면서 오류를 확인할 수 있습니다.

4의 배수를 색칠한 모양

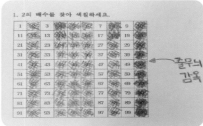

5, 10의 배수를 색칠한 모양

6 5, 10의 배수가 2의 배수와 같은 모양으로 색칠이 됩니다. 왜 그런지 생각해 보도록 합니다.

7 한 줄이 10칸이므로 10의 약수의 배수, 즉 2, 5, 10의 배수가 같은 모양으로 색칠이 됩니다.

8 4의 배수가 2의 배수와 같은 모양으로 색칠이 되게 하려면 한 줄의 칸 수를 어떻게 바꾸면 될지 생각해 보도록 합니다.

9 4의 배수가 2의 배수와 같은 모양으로 색칠이 되게 하려면 칸의 수를 4의 배수가 되도록 바꾸면 됩니다. 예를 들어 4칸, 8칸, 12칸 등으로 바꿉니다.

- 2의 배수를 찾아 색칠할 때 2, 4, 6, 8, 10과 같이 순서대로 색칠하다가 규칙을 발견하고 한 번에 한 줄을 색칠하는 아이들이 있는데, 이렇게 하면 안 된다고 생각하고는 질문을 하기도 합니다. 2의 배수를 색칠하는 것이 목표이므로 규칙을 발견하여 한 번에 색칠한 것을 칭찬해 주었습니다.

- 수가 적혀 있는 칸을 색칠해야 규칙이 더 잘 보입니다만, 색칠하는 것이 힘들다면 수에 동그라미를 하거나, 연하게 색칠하도록 합니다.

3의 배수 찾기

1 수표에서 3의 배수를 찾아 색칠하도록 합니다.

2 3의 배수를 색칠한 모양이 어떻게 생겼는지 발표합니다. 아이들은 비가 오는 모양, 대각선 모양, 기울어진 막대 모양 등이라고 말합니다.

3 3의 배수를 색칠한 모양에서 사선으로 같은 선에 적혀 있는 수끼리 어떤 규칙이 있는지 살펴봅니다. 3의 배수는 아래로 내려갈수록 9씩 커지고, 위로 올라갈수록 9씩 작아집니다. 그리고 사선으로 같은 선에 있는 수는 십의 자리 숫자와 일의 자리 숫자의 합이 같습니다. 30, 60, 90은 각각 31, 61, 91 옆으로 이동하면 같은 규칙에 해당됩니다.

 놀이의 팁

● 3의 배수를 색칠할 때 규칙을 발견하여 한 번에 색칠하는 아이들이 종종 실수를 하는 경우가 많으므로 집중하여 색칠하도록 지도합니다.

● 3의 배수를 잘못 색칠하는 경우 ×표시를 하도록 하거나, 수정테이프로 수정해 주었습니다.

- 교과 적용 단원 2학년 1학기 6단원 〈곱셈〉, 2학년 2학기 2단원 〈곱셈구구〉, 2학년 2학기 6단원 〈규칙 찾기〉, 3학년 1학기 4단원 〈곱셈〉, 5학년 1학기 1단원 〈약수와 배수〉
- 준비물 수표, 색연필, 사인펜, 연필

××××××××××××××××××××××××××

약수가 1과 자신밖에 없는 수를 소수(素數)라고 합니다. 고대 그리스의 수학자 에라토스테네스가 소수를 쉽게 찾을 수 있는 방법을 생각해 냈고, 이 방법을 '에라토스테네스의 체(Eratosthenes' sieve)'라고 부릅니다. 에라토스테네스의 체를 이용하여 소수를 찾아보도록 합니다.

놀이 방법

1 소수의 개념을 알아보고, 어떤 수가 소수인지 발표합니다.

2 소수를 찾을 수 있는 에라토스테네스의 체를 소개합니다.

3 한 줄에 10개씩 1부터 100까지의 수가 적힌 수표를 나누어줍니다. 1은 소수가 아니므로 1에 ×표 또는 색칠을 합니다.

4 2는 소수이므로 남겨두고, 2의 배수는 모두 ×표 또는 색칠해서 지웁니다. ×표를 한 수들은 2로 나누어지기 때문에 소수가 아닙니다.

5 3은 소수이므로 남겨두고, 3의 배수는 모두 ×표를 해서 지웁니다. 3의 배수는 3으로 나누어지기 때문에 소수가 아닙니다. 3의 배수 중에서 6, 12, 18, 24 등과 같이 2의 배수이기도 한 수, 즉 2와 3의 공배수는 이미 지워졌습니다.

6 5는 소수이므로 남겨두고, 5의 배수는 모두 ×표를 해서 지웁니다.

7 6은 소수가 아니므로 6의 배수는 이미 지워졌습니다. 7은 소수이므로 남겨두고, 7의 배수는 모두 ×표를 합니다.

8 7의 배수에서 지워지지 않은 수 중 어떤 수를 제일 먼저 지웠는지 발표합니다. 바로 49입니다. 왜냐하면 앞에서 2의 배수를 지울 때 7×2=14, 14를 지웠고, 3의 배수를 지울 때 7×3=21, 21을 지웠습니다. 4의 배수이기도 한 7×4=28, 5의 배수이기도 한 7×5=35, 6의 배수이기도 한 7×6=42는 이미 앞에서 모두 찾아서 지웠으므로 7의 배수를 지울 때는 7×7=49, 49를 제일 먼저 지우게 됩니다.

9 8, 9, 10은 다른 수의 배수라서 이미 지웠고, 8, 9, 10의 배수도 이미 모두 지웠습니다. 11은 소수이므로 남겨두고 11의 배수를 찾아 지우도록 합니다.

10 11의 배수 중에서 11의 1배, 2배, …, 9배, 10배 한 수는 이미 앞에서 모두 지웠습니다. 그래서 7의 배수 중에서 7의 7배인 49가 제일 먼저 지워진 것처럼 11의 11배인 수가 제일 먼저 지워지게 되는데, 11×11=121은 100보다 큰 수이므로 지울 수가 없습니다. 따라서 1부터 100까지의 소수는 모두 찾은 셈이 됩니다.

11 에라토스테네스의 체를 하고 남은 수를 함께 확인합니다. 모두 25개입니다.

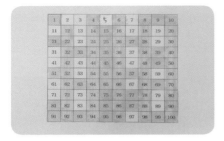 

놀이의 팁

- 서로 다른 수의 배수를 지울 때 같은 색을 사용해도 되고, 다른 색을 사용해도 됩니다. 이미 지운 수 위에 다시 표시하는 것도 허용합니다.

- 이 놀이를 하는 데 40분 정도의 시간이 걸리므로 뒤에 나오는 놀이를 하기 위해서는 80분 정도의 시간을 확보하거나 〈에라토스테네스의 체를 위한 수표 변형〉은 생략합니다.

- 이 놀이를 하면서 단지 소수를 찾는 데만 목표를 두는 것보다 활동 과정을 통해서 배수, 공배수 등에 대해서 생각해 보고 어떤 원리를 통해 소수를 찾는지 탐구하는 기회가 되도록 합니다.

에라토스테네스의 체를 위한 수표 변형

1 수표의 한 줄의 칸 수를 바꿔서 2, 3을 제외한 소수가 세로로 같은 줄에 가지런히 놓이도록 해봅시다.

2 소수들을 관찰해 보고 수표의 한 줄의 칸 수를 몇 칸으로 바꾸면 가능할지 생각해 봅니다.

3 각자 칸 수를 정한 후 수표에 1을 제외하고 2부터 100까지 순서대로 적습니다.

4 각자 만든 표를 이용하여 에라토스테네스의 체를 해봅니다.

5   소수가 세로로 같은 줄에 가지런히 놓이는지 확인합니다.

6   한 줄의 칸을 3칸으로 하면 3을 제외한 소수가 두 줄에 가지런히 놓이고, 한
     줄의 칸을 6칸으로 하면 2, 3을 제외한 소수가 두 줄에 가지런히 놓입니다.

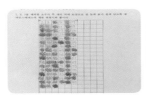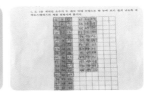

7   다음은 수표의 한 줄의 칸 수를 6칸으로 하고 에라토스네테스의 체를 한 경
     우입니다.

     1) 한 줄의 칸 수를 6칸으로 하고 1부터 100까지 수를 씁니다.

     2) 2는 남겨두고 2의 배수를 지웁니다.

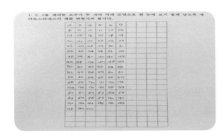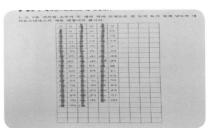

3) 3은 남겨두고 3의 배수를 지웁니다.

4) 5는 남겨두고 5의 배수를 지웁니다.

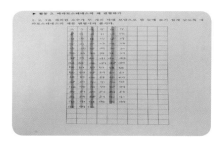 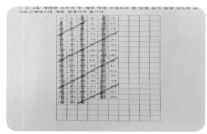

5) 7은 남겨두고 7의 배수를 지웁니다.

6) 2, 3을 빼고 나머지 소수가 두 줄로 가지런히 남게 됩니다.

 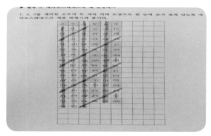

TIP 놀이의 팁

● 각자 선택한 칸 수대로 수표에 수를 적을 때 2부터 100까지 쓰는 활동도 집중해서 써야 수를 빠뜨리지 않고 순서대로 잘 쓸 수 있습니다.

● 수표의 칸의 수를 바꿔서 남아 있는 소수가 세로로 같은 줄에 가지런히 놓이도록 하기 위해서 아이들에게 수표에 수를 직접 적도록 하였으나, 시간이 부족할 경우 이 활동은 생략하거나 생각하는 시간만 제공하고 선생님께서 직접 수가 적혀 있는 6칸으로 된 수표를 나누어줍니다.

MATH

선생님과 아이들 모두가 즐거워지는
수학 수업 만들기
초등 수학 단원별 활용 가능한
61가지 수학 놀이 총정리

놀 이 로 수 학 수 업 이 즐 거 워 진 다 !

Part 2

평면도형

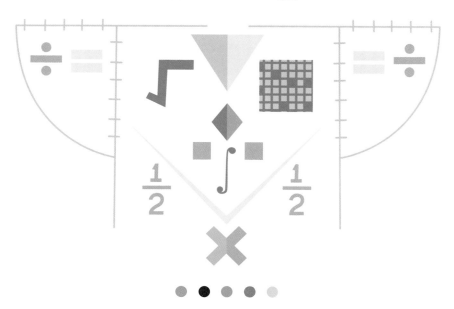

5_ 펜토미노

펜토미노(Pentomino)는 영국의 퍼즐 발명가인 헨리 듀드니(Henry Dudeney)가 8×8 정사각형 체스판에서 착안하여 개발한 퍼즐입니다. 듀드니는 8×8 체스판을 5개의 정사각형으로 이루어진 서로 다른 모양의 12개의 조각과 4개의 정사각형으로 이루어진 2×2 정사각형으로 나누었습니다. 이 중 5개의 정사각형을 변끼리 이어붙여 만든 서로 다른 12개의 모양을 솔로몬 골롬(Solomon W. Golomb) 박사가 펜토미노라고 이름 붙였답니다.

펜토미노 놀이는 여러 가지로 즐길 수 있는데, 먼저 펜토미노의 정의를 생각해 보고 펜토미노가 몇 개인지 찾기, 펜토미노로 여러 가지 모양 만들기, 펜토미노 놀이하기 등 수학 교과 과정과 연계하여 다양한 수학 놀이를 할 수 있습니다. 아이들은 12개의 펜토미노를 찾는 과정과 펜토미노로 여러 가지 모양을 만드는 과정을 통해서 뒤집고 돌리는 도형의 이동을 충분히 경험하며 학습할 수 있으며, 될 듯하면서도 쉽게 풀리지 않는 펜토미노 문제는 아이들의 과제 집착력과 집중력을 키우는 데도 도움이 됩니다. 동아리 활동이나 방과후 활동, 아침 자습 등의 시간을 활용하여 펜토미노를 여러 시간에 걸쳐 꾸준히 다룰 예정이라면 이 책에 제시한 순서대로 펜토미노 놀이를 해주세요. 또 수학 수업 시간에 활용하신다면 현재 배우고 있는 내용과 관련된 부분을 찾아 놀이로 응용해 보세요. 예를 들어 다각형을 배우고 있다면, 펜토미노로 사각형 만들기 놀이를 하면 좋습니다. 펜토미노는 플라스틱이나 나무로 만들어진 것을 쉽게 구입할 수 있는데, 두꺼운 종이로 펜토미노를 직접 만들어 활용해도 좋습니다.

5-01 12개의 펜토미노 찾기

- **교과 적용 단원** 1학년 1학기 2단원 〈여러 가지 모양〉, 2학년 1학기 2단원 〈여러 가지 도형〉, 3학년 1학기 2단원 〈평면도형〉, 4학년 2학기 3단원 〈다각형〉, 5학년 1학기 1단원 〈약수와 배수〉
- **준비물** 활동지, 모눈종이, 색연필, 사인펜, 정사각형 모양 종이

××××××××××××××××××××××××××

펜토미노와 펜토미노가 아닌 것을 보고 공통점을 찾아보며 펜토미노의 정의를 생각해 봅시다. 펜토미노는 모두 몇 개이고 어떤 모양이 있을까요? 이 활동을 통해 도형을 직접 돌리고 뒤집어보고, 머릿속으로 도형의 이동을 생각해 보면서 공간감각능력을 키울 수 있답니다.

놀이 방법

1   활동지에서 펜토미노와 펜토미노가 아닌 것을 비교해 보고 공통점을 찾아보며 펜토미노의 정의를 생각해 보도록 합니다.

2   각자 생각한 펜토미노의 정의를 자유롭게 발표하고 이를 종합하여 펜토미노의 정의를 정리하도록 합니다.

3   펜토미노의 정의를 생각하며 같은 크기의 정사각형 모양 종이 5장을 사용하여 12개의 펜토미노를 찾도록 합니다. 이때 뒤집거나 돌려서 모양이 같으면 같은 펜토미노로 봅니다.

4 찾은 펜토미노를 모눈종이에 색연필이나 사인펜을 사용하여 그립니다. 펜
   토미노 테두리만 그려도 되고 정사각형 하나씩을 모두 그려도 됩니다. 다만,
   펜토미노끼리는 서로 붙지 않도록 그리는 것이 구별하기에 좋습니다.

5 각자 펜토미노를 찾은 후 모둠 친구들과 찾은 모양을 비교해 봅니다. 이때
   겹치거나 찾지 못한 모양이 없는지 확인하며 그리도록 합니다.

6 선생님께서는 아이들과 함께 12개의 펜토미노를 확인합니다.

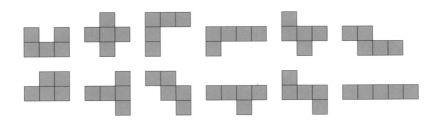

7 12개의 펜토미노가 각각 어떤 알파벳과 닮았는지 찾아봅니다. 아이들에게
   실물 펜토미노를 나누어주고 각 펜토미노를 뒤집거나 돌려서 닮은 알파벳

을 찾아보도록 해도 좋습니다.

8   각 펜토미노가 어떤 알파벳을 닮았는지 발표하고 우리 반에서 사용할 12개 펜토미노의 이름을 정합니다. 일반적으로 각 펜토미노에 다음과 같이 알파벳 이름을 붙여 사용하나, 우리 반에서 결정한 대로 다른 이름으로 바꿔도 됩니다.

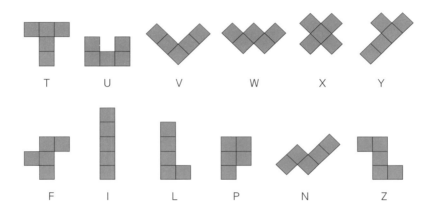

TIP   놀이의 팁

● 저학년의 경우에는 펜토미노의 정의를 찾는 것을 어려워하거나 놀이를 할 시간이 부족할 수도 있으니 선생님께서 직접 펜토미노의 정의를 설명하셔도 됩니다.

● 아이들이 펜토미노의 정의를 찾을 때 '정사각형 5개가 변끼리 붙어 있는 모양'이라는 것까지는 잘 찾습니다. 이때 ▬▬ 와 같은 모양을 제시하면 5개의 정사각형이 크기가 같아야 한다는 조건을 찾는 데 도움이 됩니다.

● 펜토미노가 12개라는 것을 바로 알려주지 않고 모두 몇 개인지 어떤 모양인지 아이들이 스스로 찾아보도록 합니다. 아이들에게 개수를 알려주지 않으면 아이들끼리 서로 몇 개를 찾았는지 확인하기도 하고, 찾은 모양을 비교하는 과정을 통해 활발한 의사소통을 할 수

있습니다. 물론 아이들의 수준을 고려하여 펜토미노를 찾고 있는 중간에 12개라는 것을 말해 주어도 됩니다.

● 머릿속으로 정사각형의 모양을 뒤집고 돌려보며 12개의 펜토미노를 찾는 것도 좋지만, 정사각형 모양 종이를 직접 사용해서 찾도록 하는 것도 효과적입니다. 아이들에게 정사각형 모양 종이를 사용해서 펜토미노를 찾아보라고 하면 처음에는 생각나는 것부터 열심히 그리다가 6~7개를 찾은 후 더 이상 생각이 나지 않으면 그때서야 정사각형 모양 종이를 이용해서 찾기도 합니다.

● 이미 찾은 펜토미노 모양에서 정사각형 하나를 이동하면 다른 모양의 펜토미노를 찾는 데 도움이 됩니다. 이 방법을 아이들 스스로 찾도록 기다려주는 것이 좋으나, 찾지 못하는 경우에는 힌트를 주어도 됩니다.

● 스스로 12개의 펜토미노를 찾을 수 있도록 충분히 시간을 주세요. 그리고 대부분의 아이들이 펜토미노를 찾은 후에 실물화상기를 통해서 12개의 펜토미노를 맞춰보도록 합니다. 펜토미노를 다 찾은 아이들은 자신이 찾은 펜토미노에 색칠을 하거나 닮은 알파벳을 펜토미노 옆에 적게 하여 여유 시간을 활용하도록 합니다.

● 펜토미노에 알파벳 이름을 붙이는 이유는 이후의 활동을 할 때 각각의 펜토미노를 부르기 위해서입니다. 다른 활동을 지속적으로 하지 않는다면 알파벳 이름을 굳이 붙이지 않아도 됩니다.

- **교과 적용 단원** 1학년 2학기 2단원 〈여러 가지 모양〉, 2학년 1학기 2단원 〈여러 가지 도형〉, 3학년 1학기 2단원 〈평면도형〉, 4학년 2학기 3단원 〈다각형〉, 5학년 1학기 1단원 〈약수와 배수〉, 5학년 1학기 5단원 〈다각형의 넓이〉, 5학년 2학기 2단원 〈합동과 대칭〉
- **준비물** 펜토미노, 색연필, 사인펜, 모눈종이

×××××××××××××××××××××××××××

12개의 펜토미노를 이용하여 여러 가지 사각형을 만들어보는 놀이입니다. 사각형의 개념만 이해한다면 펜토미노로 사각형 만들기 놀이를 할 수 있으니 저학년도 가능한 활동입니다. 넓이에 대한 개념, 사각형의 가로와 세로의 의미를 학습한 후, 이 개념을 활용하여 펜토미노로 만들 수 있는 직사각형과 정사각형의 크기와 종류를 알아보는 활동을 할 수 있습니다. 또한 사각형의 넓이와 가로, 세로의 관계를 약수, 배수와 관련하여 생각해 보도록 지도할 수 있습니다.

펜토미노 만들기

1   펜토미노 도안, 두꺼운 도화지, 색연필, 사인펜, 가위, 풀, 지퍼백이나 종이봉투를 준비하고 다음과 같은 펜토미노 도안을 나누어줍니다.

2   펜토미노를 색연필이나 사인펜을 사용해서 각각 다른 색으로 색칠합니다.

3   예쁘게 색칠한 종이를 두꺼운 도화지

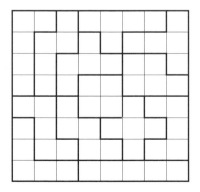

에 붙입니다.

4 펜토미노의 테두리를 오리면 완성됩니다(이때 가운데 정사각형은 펜토미노가 아니므로 사용하지 않습니다).

5 펜토미노 뒤에 본인 이름을 쓰고, 지퍼백이나 종이봉투에 넣어 보관합니다.

놀이 방법

1 펜토미노를 이용해서 여러 가지 크기의 직사각형을 만들도록 합니다. 12개의 펜토미노 중 몇 개를 사용하든 괜찮습니다.

2 펜토미노를 이루는 작은 정사각형 한 변의 길이를 1이라고 할 때, 3×5, 4×5, 5×6 등 다양한 크기의 직사각형을 만들도록 합니다.

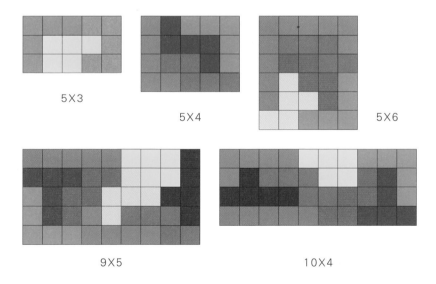

5X3

5X4

5X6

9X5

10X4

3 자신이 만든 사각형을 모눈종이에 그린 후 또 다른 직사각형을 계속하여 만

들도록 합니다. 같은 크기의 직사각형도 여러 가지 방법으로 만들 수 있습니다.

4 4×5 크기 직사각형을 여러 가지 방법으로 만들도록 합니다. 다음과 같이 25가지가 있습니다.

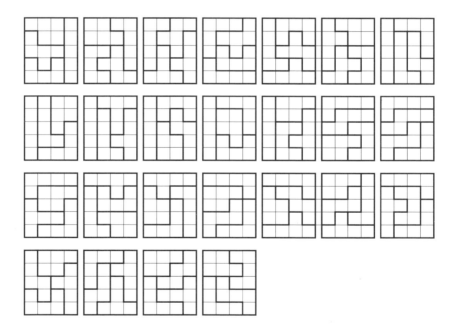

5 펜토미노로 정사각형을 만들도록 합니다. 펜토미노로는 5×5 한 가지 크기의 정사각형만 만들 수 있지만 만드는 방법은 여러 가지입니다.

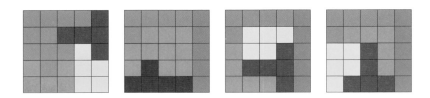

6 12개의 펜토미노를 모두 사용하여 사각형을 만들도록 합니다. 펜토미노를
   모두 사용하여 3×20, 4×15, 5×12, 6×10 크기의 사각형을 만들 수 있습
   니다.

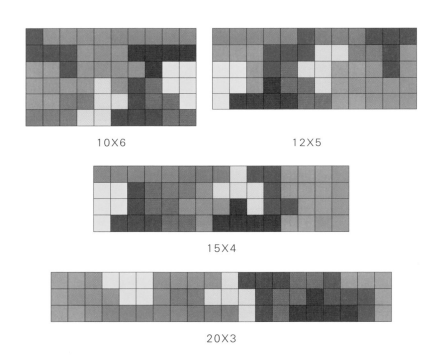

10X6

12X5

15X4

20X3

● 펜토미노 도안을 컬러인쇄해서 나눠주기도 했는데, 아이들은 각자 마음대로 직접 색칠하는 것을 더 좋아합니다. 꼭 두꺼운 도화지가 아니더라도 검은 도화지에 도안을 붙여도 됩니다. 검은 도화지에 펜토미노 도안을 붙여 만든 후 검은 도화지 뒤에 연필로 이름을 써도 잘 보입니다.

● 사각형 크기에 제한을 두지 않고 자유롭게 만들도록 하는 것이 더 효과적입니다. 아이들과 처음 이 활동을 시작했을 때는 3×5 크기 사각형이나 4×5 크기 사각형을 만들어보도록 사각형 크기를 제시했는데, 아이들이 3×5 크기 사각형을 만들려다가 다른 크기 사각형을 완성하기도 했습니다.

● 펜토미노로 사각형을 만들어놓으면 아이들 스스로 뿌듯해 합니다. 그리고는 아까워서 만든 모양을 다시 부수고 싶어하지 않습니다. 이럴 경우에는 모눈종이를 주고 만든 모양을 그리게 한 후, 다른 사각형을 만들도록 했습니다.

● 펜토미노로 만들 수 있는 직사각형의 넓이는 얼마일까요? 펜토미노를 이루는 작은 정사각형 하나의 넓이를 1이라고 하면, 펜토미노 1개는 정사각형 5개로 이루어져 있으므로 넓이가 5입니다. 따라서, 펜토미노 3개로 만든 직사각형의 넓이는 15, 4개로 만든 직사각형의 넓이는 20, 6개로 만든 직사각형의 넓이는 30과 같이 직사각형의 넓이는 5의 배수가 됩니다.

● 펜토미노로 만들 수 있는 직사각형의 넓이를 염두에 두고, 그에 맞게 가로와 세로의 길이를 생각해 보도록 합니다. 예를 들어 넓이가 30인 사각형을 만들려면 가로가 5이고 세로가 6인 경우, 가로가 3이고 세로가 10인 경우 등이 될 거라고 예측하고 만들면 사각형의 넓이, 약수와 배수와 연관하여 좀 더 수학적인 활동을 할 수 있습니다.

- 모둠별로 펜토미노로 만들 수 있는 모든 직사각형을 한 가지씩 찾도록 하는 활동도 할 수 있습니다. 사각형을 찾은 후 모눈종이에 그리고 테두리를 오려서 모둠 전지에 붙입니다. 또는 반 전체가 함께 협동하여 찾은 모양을 칠판에 붙여도 좋습니다.

- 펜토미노를 모두 사용해서 중심에 가장 작은 사각형(2×2)을 가진 8×8 크기 정사각형을 만들어보도록 합니다. 또는 정사각형 4개가 불규칙한 모양으로 비어 있는 8×8 크기 정사각형을 만들 수 있습니다.

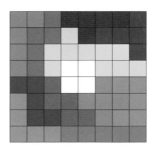 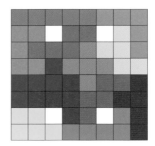

- 펜토미노를 사용한 사각형 만들기는 단순해 보일 수도 있지만 어려운 퍼즐이므로 아이들이 포기하지 않고 도전할 수 있도록 격려해 주세요. 수업 시간이 부족할 수 있으니 도전 과제로 제시하여 관심 있는 아이들이 집에서 자율적으로 해결해 오도록 해도 좋습니다.

- 펜토미노를 모두 사용해서 만들 수 있는 직사각형의 종류를 생각해 봅니다. 이 직사각형의 넓이는 얼마가 될까요? 펜토미노를 이루는 작은 정사각형 하나의 넓이를 1이라고 본다면 펜토미노 1개는 5이고, 펜토미노 12개는 12×5=60, 따라서 직사각형의 넓이는 60이 됩니다. 넓이가 60인 직사각형은 또 몇 가지를 만들 수 있을까요? 1×60, 2×30, 3×20, 4×15, 5×12, 6×10 모두 6가지를 만들 수 있습니다. 하지만 T, U, V, W, X, Z, F 펜토미노는 한 줄이 3칸이므로 1×60과 2×30은 절대 만들 수 없답니다. 따라서 3×20, 4×15, 5×12, 6×10 모두 4가지를 만들 수 있습니다. 각 직사각형을 펜토미노로 만들 수 있는 경우는 3×20 크기 직사각형은 2개, 4×15 크기 직사각형은 368개, 5×12 크기 직사각형은 1,010개, 6×10 크기 직사각형은 2,339개나 된다고 합니다.

5-03 8×8판 채우기

- **교과 적용 단원** 1학년 2학기 2단원 〈여러 가지 모양〉, 2학년 1학기 2단원 〈여러 가지 도형〉, 3학년 1학기 2단원 〈평면도형〉, 4학년 2학기 3단원 〈다각형〉, 5학년 1학기 5단원 〈다각형의 넓이〉
- **준비물** 펜토미노, 8×8판

×××××××××××××××××××××××××××

친구와 함께 서로 겨루며 재미있게 할 수 있는 펜토미노 놀이입니다. 서로 번갈아 12개의 펜토미노 중 하나씩 선택하여 8×8판에 올려놓다가 상대방이 더 이상 올려놓지 못하면 이기는 놀이입니다. 처음 몇 번은 펜토미노를 그냥 올려놓다가 나중에는 펜토미노를 뒤집고 돌리면서 상대방이 펜토미노를 올려놓지 못하도록 전략적으로 놀이하는 모습을 볼 수 있습니다.

8×8판 만들기

1   색A4, 칼, 자, 코팅지를 준비합니다. 워드 프로그램에서 펜토미노를 올려놓았을 때 크기가 맞도록 8×8판을 편집한 후 색A4에 인쇄합니다.

2   인쇄한 색A4를 자른 후 코팅합니다.

3   코팅 대신에 인쇄한 색A4를 하드보드지에 붙이고 투명시트지로 감쌀 수도 있고, 두꺼운 도화지에 붙여서 만들 수도 있습니다. 일회용이라면 인쇄한 종이를 그대로 사용하도록 합니다.

놀이 방법

1　2명이 펜토미노 1세트와 8×8판 1개를 가지고 놀이를 합니다.
2　가위바위보를 하여 이긴 사람이 먼저 12개의 펜토미노 중 하나를 선택하여 8×8판의 정사각형과 겹치게 놓습니다. 어느 곳에 놓아도 되지만, 아래와 같이 펜토미노와 정사각형이 꼭 맞게 겹쳐져야 합니다.

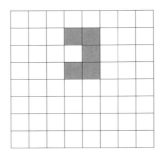

3　이번에는 진 사람이 남은 펜토미노 중 하나를 선택하여 돌리거나 뒤집어서 원하는 곳에 펜토미노를 놓습니다.

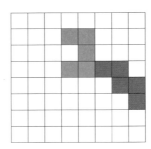

4　서로 번갈아 가면서 펜토미노를 하나씩 올려놓습니다.
5　펜토미노가 서로 겹치거나 8×8판을 벗어나지 않도록 올려놓습니다. 이때 펜토미노들의 변이 서로 닿지 않아도 됩니다.

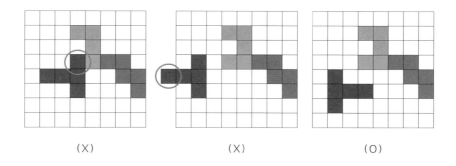

(X)   (X)   (O)

6   상대방이 펜토미노를 더 이상 놓을 수 없게 되면 이깁니다.

TIP   **놀이의 팁**

- 코팅한 8×8판은 수업 시간에 사용하거나 교실의 놀이 공간에 비치해 두고 사용합니다. 아이들 개인용으로 8×8판을 인쇄해서 나누어주고 집에 가서 가족들과 즐기도록 해도 좋습니다.

- 펜토미노를 올려놓을 때 내가 어떻게 하면 이길 수 있을지 전략적으로 생각하며 놀이를 하도록 격려합니다. 남아 있는 펜토미노들을 보고 내가 어떤 펜토미노를 선택하여 어디에 놓아야 상대방이 다음에 펜토미노를 놓을 수 없는지 생각하다 보면 공간감각능력을 키울 수 있습니다.

- 펜토미노12개를 모두 사용해서 8×8판을 채우고 놀이를 끝내는 경우가 있습니다. 이럴 경우는 무승부로 간주했습니다.

- 교실에서 둘씩 짝지어 놀이를 할 때는 놀이 한 판을 끝내는 속도가 다릅니다. 그래서 둘이서 계속하여 놀이를 하다가 선생님께서 '그만' 하고 외치는 순간에 몇 대 몇으로 계산하여 승패를 가를 수도 있습니다. 그런 경우 3 : 2라면 3점을 얻은 사람이 이기게 됩니다.

- 이 놀이의 경우 놀이 한 판이 금방 끝나므로 승패를 가른 후 상대를 바꿔서 계속 놀이를 하도록 합니다.

- 승패가 갈리는 놀이를 할 때 아이들은 누가 이기고 졌는지를 마무리해 주는 걸 좋아합니다. 이긴 사람에게 다 함께 칭찬의 박수를 쳐주어도 좋고, 학급 내에서 실시하는 칭찬의 보상을 해주어도 좋습니다.

- 2명이 놀이를 할 때는 펜토미노 12개 1세트만 사용하는 것이 좋습니다. 짝이랑 둘이서 2세트를 섞어서 하는 아이들도 있었는데, 그렇게 되면 선택의 폭이 넓어지므로 1세트만을 사용합니다. 물론 2세트를 사용하기를 원하면 그렇게 해도 됩니다. 놀이의 규칙은 아이들과 함께 언제든 변형하여도 괜찮습니다.

5-04 여러 가지 모양 만들기

- **교과 적용 단원** 1학년 2학기 2단원 〈여러 가지 모양〉, 2학년 1학기 2단원 〈여러 가지 도형〉, 3학년 1학기 2단원 〈평면도형〉, 4학년 2학기 3단원 〈다각형〉, 5학년 2학기 2단원 〈합동과 대칭〉
- **준비물** 펜토미노, 펜토미노 활동지, 모눈종이, 색연필, 사인펜

××××××××××××××××××××××××××××

펜토미노 12개를 모두 사용하거나 이 중 일부를 사용하여 여러 가지 모양을 만드는 놀이입니다. 쉬운 모양부터 점차 어려운 모양을 활동지로 제시하여 퍼즐을 해결해 가는 즐거움을 맛볼 수 있습니다. 또한 펜토미노로 새로운 모양을 창의적으로 만들고 이름을 붙여보는 활동을 해도 좋습니다.

주어진 모양 만들기

1   활동지에 제시된 모양에 펜토미노를 올려놓으면서 모양을 맞춥니다.
2   모양을 맞추고 나면 펜토미노의 테두리를 그리거나 펜토미노를 각각 다른 색으로 칠합니다. 또는 다음과 같이 선으로 펜토미노를 표시할 수도 있습니다.

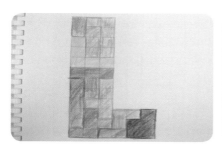 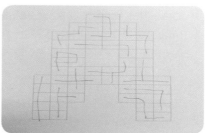

3 선생님께 검사를 받은 후 다음 단계의 활동지를 받습니다.

나만의 모양 만들기

1 모눈종이에 펜토미노를 올려놓고 자신만의 창의적인 모양을 만듭니다.

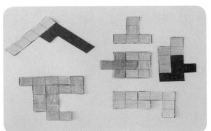 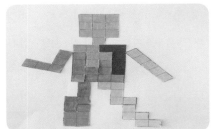

2 만든 모양을 모눈종이에 그린 후 제목을 적습니다.

3 만든 모양을 다른 모눈종이에 겉테두리만 그려서 친구들과 바꾸어 친구가 만든 모양을 펜토미노로 만들어보도록 합니다.

TIP **놀이의 팁**

● 선생님께서 제공하는 활동지는 아이들이 가지고 있는 펜토미노와 크기가 딱 맞아야 합니다. 활동지를 직접 만들 경우에는 펜토미노를 이루는 정사각형의 한 변의 길이를 재서 활동지를 정확하게 만들도록 합니다. 우리 반이 사용한 활동지는 정사각형 한 변의 길이가 1.25cm입니다.

● 펜토미노로 합동인 모양, 닮은 모양, 알파벳, 동물 등 다양한 모양을 만들 수 있습니다. 활동지를 제공하여 모양을 맞춰보거나, 창의적인 모양을 만들도록 합니다. 활동지를 제공하

여 모양을 맞춰볼 때 너무 어려워하면 펜토미노 1~2개로 힌트를 주셔도 좋습니다.

- 수학 시간에 합동의 개념을 학습할 때 펜토미노를 활용할 수 있습니다. 아이들에게 각각 펜토미노를 1세트씩 주고, 짝과 둘이서 2세트의 펜토미노를 사용하여 같은 모양끼리 서로 포개어서 놓도록 합니다. 이와 같이 포개었을때 완전히 겹쳐지는 것이 합동이라는 것을 아이들은 체험하며 이해할 수 있습니다.

- 합동의 개념을 이해한 후 활동지를 활용하여 펜토미노로 합동인 모양을 만듭니다. 합동인 모양을 만들 때 한 모양을 만들기 위해 사용한 펜토미노를 다른 모양을 만들 때 다시 사용하지 않습니다.

 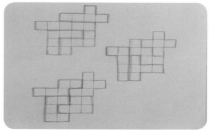

- 아이들에게 합동인 모양을 만들게 하면 스스로 다양한 모양을 만들어냅니다. 이때 펜토미노 12개를 모두 사용하여 모양을 만들지 않아도 됩니다.

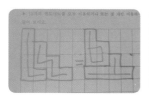 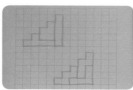 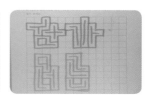

- 자투리 시간을 활용하여 펜토미노로 다양한 모양 만들기에 도전하도록 해주세요. 순서대로 활동지를 인쇄해 놓은 후 만든 모양을 검사받으러 오면 다음 활동지를 주고 검사받은 것은 A4클리어파일에 모아두도록 했습니다.

● 펜토미노로 다음과 같이 알파벳을 만들 수 있습니다. 이외에도 스스로 모양을 만들어보도록 합니다.

5-05 넓이를 최대로 만들기

- **교과 적용 단원** 3학년 1학기 2단원 〈평면도형〉, 4학년 2학기 3단원 〈다각형〉, 5학년 1학기 5단원 〈다각형의 넓이〉
- **준비물** 펜토미노, 모눈종이, 색연필, 사인펜

××××××××××××××××××××××××××

펜토미노 12개를 모두 사용하여 안의 넓이가 최대인 울타리를 만드는 놀이입니다. 펜토미노를 연결할 때 펜토미노는 변끼리 붙어 있어야 합니다. 우리 반 친구들 중 누가 안의 넓이가 가장 넓은 울타리를 만들었을까요? 짝과 협동하여 만들어도 좋습니다.

놀이 방법

1 모눈종이 위에 12개의 펜토미노를 연결하여 울타리를 만들도록 합니다.
2 울타리를 만들 때 펜토미노의 꼭짓점만 붙어 있으면 안 되고, 펜토미노의 변끼리 붙어 있어야 한다는 것에 유의하도록 합니다.

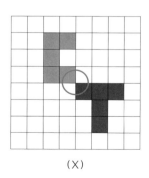
(X)

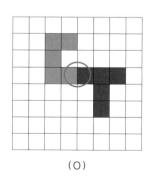
(O)

3 가능한 안의 넓이가 최대가 되도록 울타리를 만들도록 합니다.

4 울타리를 만든 후 안쪽의 넓이를 구해 봅니다. 정사각형 하나의 넓이를 1이
라고 했을 때 정사각형이 모두 몇 개인지 세면 됩니다.

 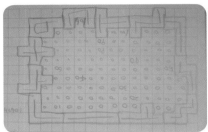

5 우리 반 친구들이 만든 울타리 중 안의 넓이가 가장 넓은 울타리를 찾아보
도록 합니다.

TIP 놀이의 팁

● 혼자서 울타리를 만들어도 좋고, 짝과 서로 협동하여 하나의 울타리를 만들어도 좋습니다.

● 울타리를 만들기 위해서 펜토미노 간격을 너무 벌려놓으면 나중에 펜토미노끼리 연결되지
않아서 울타리를 만들 수 없게 됩니다. 이때는 펜토미노를 안쪽으로 조금씩 밀어서 펜토미
노끼리 변이 닿도록 하여 울타리가 되도록 합니다.

● 울타리를 만들고 난 후 펜토미노를 뒤집거나 돌려서 넓이를 더 넓게 만들 수 있는지 찾아
봅니다. 그러다 보면 정사각형 1~2개 정도 넓이를 넓게 할 수 있는 여유 면적이 생기기도
합니다.

● 조건을 바꾸어 안쪽의 넓이를 가장 좁게 만드는 놀이를 해도 좋습니다. 이때 펜토미노끼리
는 2개의 변까지만 닿을 수 있도록 조건을 둡니다.

● 각자 만든 울타리를 모눈종이에 그려서 뒤에 게시하거나 클리어파일에 보관합니다. 다음은 정사각형 1개의 넓이를 1이라고 할 때 안의 넓이가 128인 울타리의 예입니다.

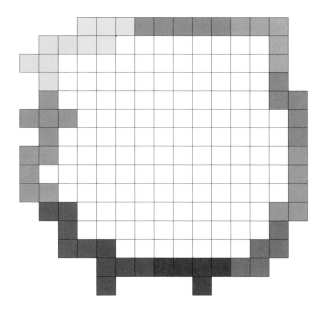

6_ 헥소미노

펜토미노가 크기가 같은 5개의 정사각형을 변끼리 이어붙여 만든 도형이라면, 헥소미노(Hexomino)는 크기가 같은 6개의 정사각형을 변끼리 이어붙여 만든 도형입니다. 이와 같이 정사각형을 변끼리 이어붙여 만드는 도형을 통틀어 폴리오미노(Polyomino)라고 하고 정사각형의 개수에 따라서 모노미노, 도미노, 트리미노, 테트로미노 등으로 불립니다.

헥소미노의 정의를 생각해 보고 헥소미노가 모두 몇 개인지 직접 찾아보는 활동을 통해 도형 밀기, 뒤집기, 돌리기 등을 반복하며 공간감각능력과 공간지각력을 키울 수 있습니다. 또한 35가지의 헥소미노 중 정육면체의 전개도를 찾아보는 활동을 하며 정육면체의 다양한 전개도의 모양을 알아보고 이를 참고하여 정육면체의 전개도를 직접 그리는 데 많은 도움을 받을 수 있습니다.

35개의 헥소미노 찾기

- **교과 적용 단원** 3학년 1학기 2단원 〈평면도형〉, 5학년 1학기 1단원 〈약수와 배수〉, 5학년 1학기 2단원 〈직육면체〉
- **준비물** 활동지, 모눈종이, 색연필, 사인펜, 정사각형 모양 종이

×××××××××××××××××××××××××××

헥소미노의 정의를 알아본 후 헥소미노가 모두 몇 개인지 찾아보는 활동입니다. 펜토미노는 모두 12개인 반면, 헥소미노는 35개나 되어 모두 찾기는 힘듭니다. 혼자서 찾기보다는 친구들과 서로 도와가며 찾아보고, 35개 모두 찾기에 목표를 두기보다는 헥소미노를 찾는 활동을 하는 데 목표를 두고 놀이를 하도록 합니다.

놀이 방법

1   헥소미노가 무엇인지 알아봅니다. 헥소미노란 크기가 같은 6개의 정사각형을 변끼리 이어붙여 만든 도형입니다.

2   헥소미노의 정의를 생각하며 같은 크기의 정사각형 모양 종이 6장을 사용하여 헥소미노를 찾아봅니다. 이때 뒤집거나 돌려서 모양이 같으면 같은 헥소미노로 봅니다.

3   찾은 헥소미노를 모눈종이에 색연필이나 사인펜을 사용하여 그립니다.

4   각자 헥소미노를 찾은 후 모둠별로 모둠 친구들과 찾은 모양을 비교해 봅니다. 자신이 찾은 헥소미노 중에서 같은 모양을 2개 찾은 것은 없는지, 자신이 찾지 못한 모양은 무엇인지 확인하고 보충하여 그리도록 합니다.

5   선생님과 함께 35개의 헥소미노를 확인합니다. 자신이 찾은 모양을 뒤집거나 돌려가며 확인합니다.

6   35개의 헥소미노는 다음과 같습니다.

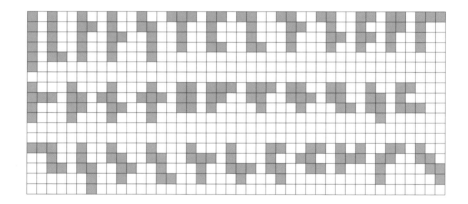

TIP   **놀이의 팁**

● 헥소미노를 그리기 위한 모눈종이를 여유 있게 준비합니다. 1인당 2장 이상의 모눈종이가 필요합니다.

● 헥소미노 35개를 40분 동안 완벽하게 찾은 아이들은 없습니다만, 30개 이상 찾은 아이들

은 5~6명 정도 있었습니다. 시간을 더 여유 있게 주고 찾아보도록 해도 좋습니다.

● 35개의 헥소미노를 모두 찾는 것보다는 찾는 과정, 사고하는 과정이 더 중요합니다. 35개의 헥소미노를 함께 알아볼 때도 선생님께서 제시한 모양과 자신이 그린 헥소미노 중 같은 모양을 찾는 것도 아이들에게는 하나의 도전입니다. 모양을 뒤집고 돌려가면서 찾아야 하는 과정을 거치게 되니까요. 이 과정을 통해 공간감각능력과 공간지각력이 발달하게 됩니다.

● 아이들의 수준에 따라서 35개의 헥소미노를 모두 찾는 것 외에 10개 이상 헥소미노 찾기, 20분 동안 헥소미노 찾기 등과 같이 미션을 제공하는 것도 좋습니다.

6-02 정육면체 전개도 찾기

- **교과 적용 단원** 3학년 1학기 2단원 〈평면도형〉, 5학년 1학기 1단원 〈약수와 배수〉, 5학년 1학기 2단원 〈직육면체〉
- **준비물** 활동지, 연필, 지우개, 가위

×××××××××××××××××××××××××

정육면체는 크기가 같은 정사각형 6개로 둘러싸인 입체도형이므로 정육면체의 전개도를 그리기 위해서는 크기가 같은 정사각형 6개를 그려야 합니다. 바로 헥소미노 중에 정육면체의 전개도가 있습니다. 헥소미노 중 정육면체의 전개도를 찾아봅니다.

놀이 방법

1 헥소미노 중에서 정육면체의 전개도는 모두 몇 가지일까요? 헥소미노가 그려진 활동지를 2장씩 나누어줍니다.

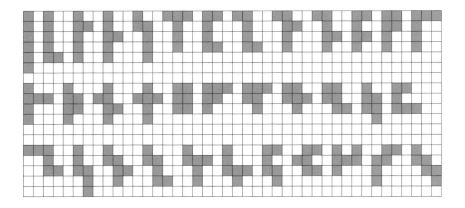

2 35개의 헥소미노 중에서 정육면체의 전개도를
찾아보도록 합니다.

3 모양을 구분하기가 어렵다면 여분으로 나누어
준 헥소미노 활동지를 이용하여 오려서 직접
접어봅니다.

4 각자 정육면체의 전개도를 찾은 후 모둠 친구들과 찾은 모양을 비교해 보도
록 합니다.

5 선생님과 함께 헥소미노 중 정육면체의 전개도가 되는 모양을 확인합니다.

6 아래와 같이 정육면체 전개도가 될 수 있는 헥소미노는 모두 11개입니다.

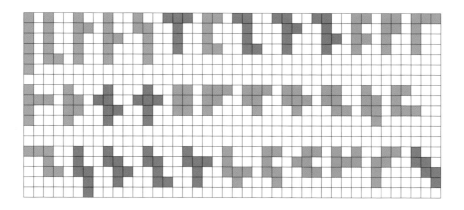

● 35개의 헥소미노를 모두 오려서 직접 접어보려는 아이들이 있는데, 그보다는 확실히 정육
  면체의 전개도가 될 수 없다고 생각하는 것을 먼저 제외하고 오려보도록 합니다.

● 각자 정육면체의 전개도를 찾아볼 수도 있지만, 모둠별로 서로 도와가며 찾아보는 것이 더
  효과적입니다. 헷갈리는 모양을 서로 나누어서 오리면 시간을 절약할 수 있습니다.

● 헥소미노에서 정육면체의 전개도를 찾아보는 활동을 하고 난 후, 정육면체의 전개도를 그
  리는 수업을 하면 아이들은 부담없이 다양한 모양의 전개도를 그립니다.

7_ 칠교놀이

'칠교 놀이'는 중국에서 처음 시작되어 우리나라에 전해졌고 지금도 전해 내려오는 전통놀이입니다. 옛날에는 집에 손님이 찾아왔을 때, 사람을 기다리거나 음식을 준비하는 동안 지루하지 않도록 이것을 내놓았다고 해서 유객판(留客板)이라고도 불렀습니다. 19세기 초에는 미국과 유럽에 전해져서 탱그램(Tangram : 지혜의 판)이라고 불리고 있습니다.

일반적으로 나무나 플라스틱으로 만든 칠교를 볼 수 있고 저렴하게 구입할 수 있습니다만, 정사각형 모양 종이를 잘라서 칠교를 만들 수도 있고, 종이를 접어서 칠교를 만들 수도 있답니다. 종이를 접어 칠교를 만들면 제법 두툼해서 찢어지거나 구겨지지 않아 가지고 놀기에도 좋습니다.

칠교 놀이는 정사각형 모양을 정사각형 1개, 평행사변형 1개, 큰 직각삼각형 2개, 중간 직각삼각형 1개, 작은 직각삼각형 2개로 나누어 이 일곱가지 조각을 가지고 여러 가지 동물이나 물건, 문자 등의 모양을 만드는 놀이입니다.

도안을 보고 그에 알맞게 칠교를 맞추거나 나만의 모양을 만들어보면서 논리적 사고와 창의력을 키울 수 있습니다. 또한 수학 시간에 배운 여러 가지 도형을 칠교로 만들거나, 합동인 도형을 칠교로 만들어보며 수학에 대한 흥미와 더불어 공간감각능력을 키울 수 있습니다.

- **교과 적용 단원** 1학년 2학기 2단원 〈여러 가지 모양〉, 2학년 1학기 2단원 〈여러 가지 도형〉, 3학년 1학기 2단원 〈평면도형〉, 4학년 1학기 3단원 〈각도와 삼각형〉, 4학년 2학기 3단원 〈다각형〉, 5학년 2학기 2단원 〈합동과 대칭〉
- **준비물** 색종이, 가위

××××××××××××××××××××××××××××

색종이를 자르거나 접어서 칠교를 만들 수 있습니다. 이미 만들어진 제품을 이용할 수도 있지만 미술 시간을 활용하여 색종이로 직접 접어서 나만의 칠교 놀이를 즐겨보는 건 어떨까요?

놀이 방법

1   먼저 종이접기의 기본 기호와 약속을 알아두세요. 종이접기를 할 때 기본이 되는 기호입니다. 종이접기를 시작하기 전에 선생님께서 살펴보시고 참고해 주세요.

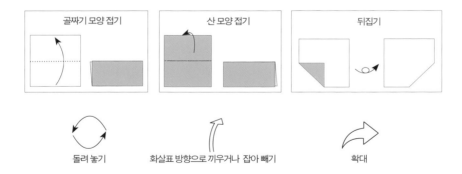

| 골짜기 모양 접기 | 산 모양 접기 | 뒤집기 |

돌려 놓기 화살표 방향으로 끼우거나 잡아 빼기 확대

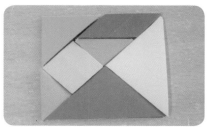

2 7개의 칠교를 접으려면 서로의 비율이 맞아야 합니다. 15cm×15cm 크기의 종이를 2장 준비합니다. 우리가 일반적으로 사용하는 색종이가 바로 15cm×15cm입니다. (이 종이로 큰 직각삼각형 2개를 만듭니다.)

3 7.5cm×7.5cm 크기의 종이를 5장 준비합니다. 15cm×15cm 크기의 종이를 4등분해도 됩니다. (작은 직각삼각형 2개와 정사각형, 평행사변형을 각각 1개씩 만듭니다.)

4 15cm×15cm의 1/2 크기 종이를 1장 준비합니다. 15cm×15cm 크기의 종이를 ①, ②와 같이 접었다 폅니다. 접은 선을 보고 ③과 같이 접었다 폅니다. ③에서 접었다 편 선을 따라 오립니다. 이게 바로 15cm×15cm의 1/2 크기 종이입니다. (이 종이로 중간 직각삼각형을 접습니다.)

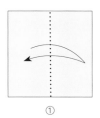
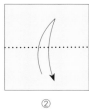
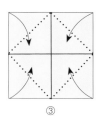

①   ②   ③

5 먼저 직각삼각형을 접습니다. 15cm×15cm 크기의 종이 2장, 7.5cm×7.5cm 크기의 종이 2장, 15cm×15cm의 1/2 크기 종이 1장으로 5개의 직각삼각형을 접습니다.

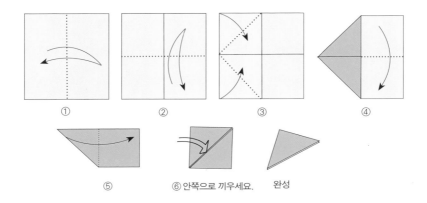

① ② ③ ④

⑤ ⑥ 안쪽으로 끼우세요. 완성

6 이번에는 정사각형을 접습니다. 7.5cm×7.5cm 크기 종이 2장을 접은 후 ⑥과 같이 끼워 정사각형을 완성합니다.

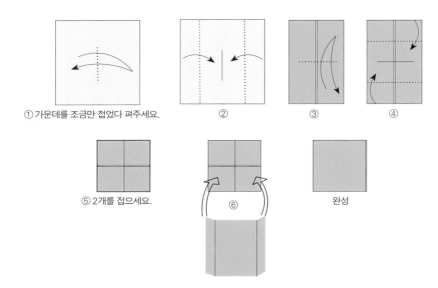

① 가운데를 조금만 접었다 펴주세요. ② ③ ④

⑤ 2개를 접으세요. ⑥ 완성

7 마지막으로 평행사변형을 접습니다. 7.5cm×7.5cm 크기 종이 1장으로 평행사변형을 접습니다.

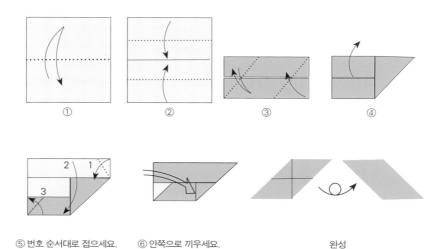

① ② ③ ④

⑤ 번호 순서대로 접으세요.　⑥ 안쪽으로 끼우세요.　　　완성

TIP　놀이의 팁

● 색종이로 접은 칠교로 나만의 모양을 만들어서 종이에 붙여 작품을 만들면 좋습니다.

● 접는 선을 손톱으로 눌러주면 종이가 더 잘 접힙니다. 이것을 종이접기에서는 '다림질을 한다'라고 합니다.

● 다음과 같이 색종이와 같은 정사각형 모양의 종이를 다음과 같은 순서로 접고 잘라서 칠교를 만들 수 있습니다. 접을 시간이 없거나 간편하게 하기 위해서 종이를 잘라서 칠교를 만드는 것도 좋습니다.

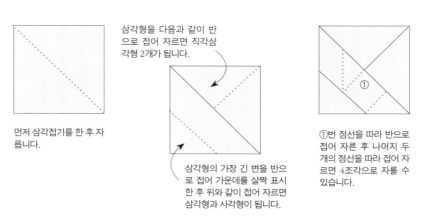

삼각형을 다음과 같이 반으로 접어 자르면 직각삼각형 2개가 됩니다.

먼저 삼각접기를 한 후 자릅니다.

삼각형의 가장 긴 변을 반으로 접어 가운데를 살짝 표시한 후 위와 같이 접어 자르면 삼각형과 사각형이 됩니다.

①번 점선을 따라 반으로 접어 자른 후 나머지 두 개의 점선을 따라 접어 자르면 4조각으로 자를 수 있습니다.

7-02 여러 가지 도형 만들기

- **교과 적용 단원** 2학년 1학기 2단원 〈여러 가지 도형〉, 3학년 1학기 2단원 〈평면도형〉, 4학년 1학기 3단원 〈각도와 삼각형〉, 4학년 2학기 3단원 〈다각형〉, 5학년 2학기 2단원 〈합동과 대칭〉
- **준비물** 칠교, A4, 지우개, 자, 색연필, 사인펜

✕✕✕✕✕✕✕✕✕✕✕✕✕✕✕✕✕✕✕✕✕✕✕✕✕✕

칠교로 수학 시간에 배우는 여러 가지 도형을 만들어볼 수 있습니다.
삼각형, 사각형, 오각형 등 다양한 도형을 만들어보세요. 7개의 조각을
다 사용해도 좋고, 그중 몇 개를 사용해서 만들어도 좋습니다.

놀이 방법

1 칠교로 삼각형을 만든 후 삼각형을 만든 테두
   리를 연필로 그립니다.
2 칠교를 하나씩 들어서 각 칠교가 놓인 선을 연
   필로 그립니다.
3 칠교로 또 다른 삼각형을 만들고 칠교가 놓인 선을 연필로 그립니다.

4 칠교로 여러 가지 사각형을 만들고 칠교가 놓인 선을 연필로 그립니다.

5 여러 가지 오각형을 만들고 칠교가 놓인 선을 연필로 그리도록 합니다.

6 여러 가지 육각형을 만들고 칠교가 놓인 선을 연필로 그리도록 합니다.

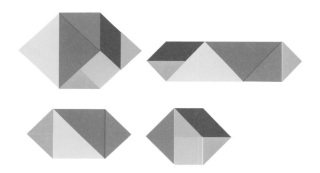

● 여러 가지 다각형 중 삼각형, 사각형, 오각형, 육각형 순서대로 한 가지씩 제시하여 만들도
록 해도 되고, 순서에 상관없이 원하는 다각형을 만들고 종이에 그려도 됩니다. 칠교로 다
각형을 만드는 것도 퍼즐이라서 사각형을 만들려고 하다가 오각형을 만들기도 합니다.

- 칠교가 놓인 부분을 그릴 때 연필로 대강 선을 그려도 되고, 각 부분의 꼭짓점에 점들을 찍은 후 자를 사용하여 반듯하게 연결해도 됩니다. 또 연필로 대강 그린 선 위에 자를 사용하여 사인펜이나 색연필로 그려도 됩니다.

- 칠교가 놓인 부분을 그릴 때 정확하게 그리느라 시간을 보내지 않도록 해주세요. 그린 선이 삐뚤빼뚤하더라도 어떤 칠교를 사용했는지를 알아볼 수만 있으면 됩니다.

- 육각형 이외에도 칠각형, 팔각형을 만들 수도 있으며, 볼록 다각형 이외에 오목 다각형을 만들 수도 있습니다. 아이들이 만든 다양한 모양을 허용하고 인정해 주세요.

- 모둠별로 대결을 할 수도 있습니다. 각 모둠별로 삼각형, 사각형, 오각형, 육각형을 각각 몇 가지씩 찾았는지 확인해 볼 수 있습니다. 모둠 친구들끼리 서로 만든 모양을 비교하고, 다른 친구들이 찾은 모양을 살펴보며 아이디어를 얻을 수 있습니다.

- **교과 적용 단원** 1학년 2학기 2단원 〈여러 가지 모양〉, 2학년 1학기 2단원 〈여러 가지 도형〉, 3학년 1학기 2단원 〈평면도형〉, 4학년 1학기 3단원 〈각도와 삼각형〉, 4학년 2학기 3단원 〈다각형〉, 5학년 2학기 2단원 〈합동과 대칭〉
- **준비물** 칠교, A4 1/2 크기, 연필, 지우개, 자, 색연필, 사인펜

××××××××××××××××××××××××××××

합동을 학습하고 나서 칠교로 합동인 모양을 직접 만들어보는 활동을 해보는 건 어떨까요? 합동을 학습하지 않아도 합동의 개념을 쉽게 이해할 수 있도록 설명해 주며, 합동인 도형을 만들 수 있습니다. 시간이 여유롭지 않다면 칠교를 접느라 시간을 보내지 말고 기성품인 칠교를 활용하면 좋습니다.

놀이 방법

1 합동의 개념을 알아봅니다. 두 도형을 포개었을 때 완전히 겹쳐지는 것을 서로 합동이라고 합니다. 서로 합동인 도형은 모양과 크기가 같은 도형입니다. 다음 도형 중에서 합동인 도형을 찾아보세요.

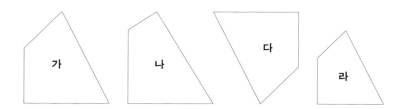

도형을 뒤집거나 돌리거나 밀어서 포개었을 때, 완전히 겹쳐지는 도형을 찾으면 됩니다. 바로 가와 다가 서로 합동입니다. 가와 라는 모양은 같지만 크기가 서로 달라서 합동이 아닙니다. 이와 같이 모양은 같지만 크기가 서로 다른 두 도형을 서로 '닮았다'고 합니다.

2 칠교로 합동인 도형을 만들어봅시다. 다음 과제 중에서 원하는 것을 먼저 골라서 도전해 보도록 합니다.

과제 1 : 큰 직각삼각형 칠교와 합동인 삼각형 만들기

과제 2 : 7개 칠교를 모두 사용하여 두 개의 합동인 삼각형 만들기

과제 3 : 칠교로 합동인 사다리꼴 만들기

과제 4 : 칠교로 합동인 정사각형 만들기

괴제 5 : 칠교로 합동인 오각형 만들기

3 합동인 도형을 만들기 위해서 7개의 칠교 중 몇 개를 선택해서 만들 수도 있고, 7개의 칠교를 모두 사용해서 만들 수도 있습니다. 합동인 모양을 만들 때는 같은 조각을 중복하여 사용하지 않으며 칠교를 이리저리 뒤집고 돌리면서 원하는 모양을 만들도록 합니다.

4 합동인 모양을 만들고 나면 모양의 테두리를 그린 후 칠교를 하나씩 들어보면서 칠교가 놓인 선을 그리도록 합니다.

5 A4 1/2 크기의 종이 1장에 합동인 모양을 한 세트씩 그린 후 칠판에 붙이고, 다른 친구들이 만든 합동인 모양과 비교해 보도록 합니다.

6 아래는 위에 과제로 제시된 합동인 도형 만들기의 여러 가지 예입니다. 〈과제 1 : 큰 직각삼각형 칠교와 합동인 삼각형 만들기〉에서는 큰직각삼각형 칠교와 합동인 삼각형 3가지를 만들 수 있습니다.

7 〈과제 2 : 7개 칠교를 모두 사용하여 두 개의 합동인 삼각형 만들기〉에서는 7개의 칠교를 모두 사용하여 만들기가 조금 힘듭니다. 큰 직각삼각형 2개로 삼각형을 하나 만들고, 나머지 5개로 합동인 삼각형을 만들 수 있습니다.

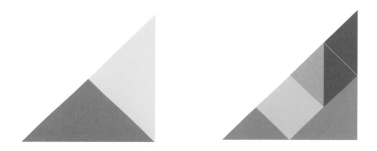

8 〈과제 3 : 칠교로 합동인 사다리꼴 만들기〉를 볼까요? 사다리꼴이란 마주 보는 한 쌍의 변이 서로 평행인 사각형입니다. 칠교를 2개씩 사용하여 다음과 같이 합동인 사다리꼴을 만들 수 있습니다. 또는 그 아래와 같이 조금 더 큰 사다리꼴도 만들 수 있습니다.

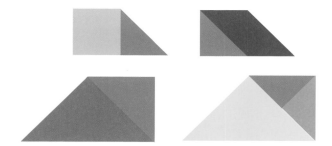

9 〈과제 4 : 칠교로 합동인 정사각형 만들기〉입니다. 정사각형이란 네 각이 모두 직각이고, 네 변의 길이가 모두 같은 사각형입니다. 칠교에 있는 정사각형과 합동인 정사각형을 다음과 같이 만들 수 있습니다. 또 그 아래와 같이 칠교 7개를 모두 사용하여 합동인 사각형을 만들 수도 있습니다. 큰 직각삼각형 2개로 정사각형을 만들고, 나머지 5개로 합동인 정사각형을 만들면 됩니다.

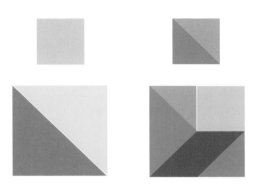

10 〈과제 5 : 칠교로 합동인 오각형 만들기〉입니다. 오각형이란 5개의 선분으로 둘러싸인 도형입니다. 칠교 중에서 큰 직각삼각형 모양을 각각 1개씩 사용하여 다음과 같이 합동인 오각형을 만들 수 있습니다.

11 위의 5가지 과제 이외에 칠교 7개 또는 일부를 이용하여 합동인 모양을 자유롭게 만들도록 합니다.

- 〈7-02 여러 가지 도형 만들기〉와 같이 합동인 모양을 어떻게 만들었는지 칠교가 놓인 부분을 연필로 대강 선을 그려도 되고, 자와 사인펜이나 색연필을 사용하여 반듯하고 보기 좋게 그려도 됩니다. 아이들이 자율적으로 선택하여 그리도록 합니다.

- 앞에서 제시한 5가지 과제에서 만드는 합동인 도형은 다각형 모양입니다. 하지만 다각형이 아닌 합동인 도형을 만들어도 허용하고 인정해 주세요.

- 합동인 모양을 만들 때 7개의 칠교를 중복하여 사용하지 않도록 하였으나, 아이들이 조금 어려워하면 중복 사용하여 합동인 모양을 만들어도 됩니다.

- 칠판에 삼각형, 사각형, 오각형이라고 처음부터 도형 이름을 적어두고 그에 알맞게 종이에 그린 합동인 모양을 붙이도록 할 수도 있지만, 도형을 먼저 제시하지 않고 합동인 모양을 아이들 스스로 자율적으로 분류하도록 해도 좋습니다.

7-04 여러 가지 모양 만들기

- **교과 적용 단원** 1학년 2학기 2단원 〈여러 가지 모양〉, 2학년 1학기 2단원 〈여러 가지 도형〉, 3학년 1학기 2단원 〈평면도형〉, 4학년 1학기 3단원 〈각도와 삼각형〉, 4학년 2학기 3단원 〈다각형〉, 5학년 2학기 2단원 〈합동과 대칭〉
- **준비물** 칠교, 색종이, 가위, 풀, 종이본드, 검은 도화지

× ×

아이들은 칠교로 여러 가지 모양 만들기를 좋아합니다. 도안을 보고 그에 알맞게 칠교를 맞춰가며 모양을 만들거나, 창의적으로 나만의 모양을 만들도록 해보세요. 아이들은 정해진 틀에 맞추는 것보다는 자신이 새롭게 만드는 걸 더 좋아합니다. 일정 기간 동안 꾸준히 가지고 놀수 있도록 해주면 공간감각능력 향상에 많은 도움이 됩니다.

주어진 모양 만들기

1   칠교 놀이 도안을 보고 도안의 모양을 따라 만듭니다.
2   만든 모양을 살펴본 후 다른 도안을 보고 만들도록 합니다.

나만의 모양 만들기

1   7개의 칠교를 모두 사용하여 창의적으로 모양을 만듭니다. 이때 7개의 칠교가 연결되도록 모양을 만듭니다. 칠교 한두 개를 떨어뜨려 놓지 않도록 합니다.
2   여러 가지 모양을 만들어보고 가장 마음에 드는 작품을 정하고, 모양에 어

울리는 제목을 붙입니다.

3 〈7-01 색종이로 칠교 접기〉 놀이를 참고하여 색종이로 칠교를 접습니다.

4 풀이나 종이본드로 접은 칠교를 검은 도화지에 붙여 작품을 만듭니다.

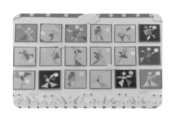

TIP **놀이의 팁**

● 수업 시간에 다양한 모양 만들기를 다 함께 도전해 봅니다. 학급에 도안과 칠교를 마련해 놓고 쉬는 시간이나 놀이 시간에 하나씩 만들어보도록 해도 좋습니다.

● 칠교 놀이를 꾸준히 활용하고 싶다면 교실 뒤에 놀이 결과판을 만들어도 좋습니다. 다양한 모양을 하나씩 만들고 나서 선생님이나 짝꿍에게 확인을 받거나 스스로 결과판에 스티커를 붙임으로써 성취감과 동기부여를 줄 수 있습니다.

● 우리 반의 경우 색종이로 칠교를 접어 나만의 작품을 만들어 전시했습니다. 학교 전시 주제가 스포츠 클럽과 관련 있어서 동그라미 색종이를 공으로 표현하여 운동하는 모습을 표현했습니다.

8_ 뫼비우스의 띠

좁고 긴 직사각형 종이의 한쪽 끝을 $180°$로 돌려서, 즉 한 번 꼬아서 종이의 다른 쪽 끝에 붙이면 하나의 면을 가진 곡면이 됩니다. 이것을 독일의 수학자 뫼비우스(A. F. Möbius)가 처음으로 제시해서 '뫼비우스의 띠'라고 부릅니다.

종이띠의 양 끝을 그냥 붙이면 안과 밖의 구별이 있지만, 종이띠를 한 번 꼬아서 만든 뫼비우스의 띠는 안과 밖의 구별이 없이 한 면이라는 특징이 있습니다. 뫼비우스의 띠는 우리 생활 속에서 아주 실용적으로 응용되고 있습니다. 예를 들면, 자동차에 사용하는 안전벨트, 방앗간에서 고춧가루를 빻는 기계에 장착된 벨트 등에 뫼비우스의 띠가 사용됩니다. 사람들은 벨트를 뫼비우스의 띠처럼 한 번 꼬아 한 면이 되도록 하면 벨트의 면이 고르게 닳아서 더 오래간다는 사실을 알았던 것입니다. 재활용 마크도 뫼비우스의 띠를 응용하여 디자인되어 있는 것을 보면 잘 어울린다는 생각이 듭니다.

실제로 뫼비우스의 띠를 만들어서 띠의 중심을 따라서 선을 그어보며 안과 밖의 구별이 없는 한 면이라는 것을 직접 확인해 보고, 뫼비우스의 띠를 응용하여 3면 접시를 만들어보며 수학의 흥미를 느껴보는 시간을 갖는 건 어떨까요?

8-01 뫼비우스의 띠 자르기

- **교과 적용 단원** 2학년 1학기 4단원 〈길이 재기〉, 3학년 1학기 5단원 〈시간과 길이〉, 6학년 2학기 6단원 〈여러 가지 문제〉
- **준비물** 색도화지띠 8장, 딱풀, 색연필, 가위

××××××××××××××××××××××××××××××

아이들은 '뫼비우스의 띠'라는 말은 많이 들어서 알고 있으나 구체적으로 무엇인지 잘 모르는 경우가 많습니다. 아이들에게 뫼비우스의 띠에 대해 이야기해 주며, 종이로 직접 뫼비우스의 띠를 만들고 실험하는 활동을 함으로써 뫼비우스의 띠를 체험해 보도록 하면 수학에 대한 흥미를 느끼는 데 도움이 됩니다.

뫼비우스의 띠 만들기

1 기다란 직사각형 모양의 종이띠 2장을 만듭니다.
2 1장은 꼬지 않고 양끝을 그냥 붙이고, 다른 1장은 한 번 꼬아서 다른 한쪽 끝에 붙입니다.

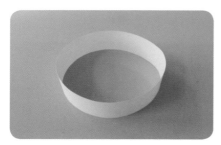

3 두 개의 띠에 모두 띠의 중심을 따라 색연필로 선을 긋습니다.

 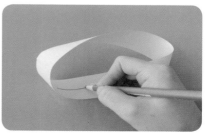

4 처음 시작한 부분과 만날 때까지 선을 그은 후 두 개의 띠에 색연필로 그린 선을 관찰합니다.

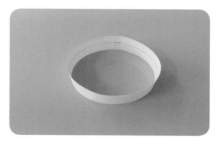 

5 꼬지 않은 띠는 한쪽 면에만 선이 그려져 있지만 한 번 꼰 띠는 색연필 선이 양면을 지나서 처음 시작한 부분과 만나게 됩니다.

6 이와 같이 안과 밖의 구별이 없는 것을 뫼비우스의 띠라고 하며 면이 1개입니다.

뫼비우스의 띠 자르기

1 뫼비우스의 띠를 2개 만듭니다.

2 뫼비우스의 띠 가운데 색연필로 중심선을 긋고 선을 따라 자릅니다.

3   선이 어떻게 잘라졌는지 살펴봅니다. 2배 길이의 네 번 꼬인 띠가 됩니다.

4   이번에는 뫼비우스의 띠에 색연필로 3등분선을 그리고 3등분선을 따라 자릅니다.

5   선이 어떻게 잘라졌는지 살펴봅니다. 뫼비우스의 띠와 네 번 꼬인 2배 길이의 띠가 서로 얽힌 모양이 됩니다

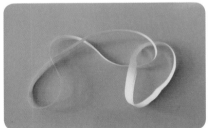

두 번 꼬인 띠 자르기

1   두 번 꼬인 띠를 2개 만듭니다.

2   두 번 꼬인 띠 가운데 색연필을 이용하여 중심선을 긋고 선을 따라 자릅니다.

3 자른 모양을 살펴봅니다. 두 번 꼬인 띠 2개가 서로 얽힌 모양이 됩니다.

4 이번에는 두 번 꼬인 띠에 색연필을 이용하여 3등분선을 그리고 선을 따라 자릅니다.

5 자른 모양을 살펴봅니다. 두 번 꼬인 띠 3개가 서로 얽히게 됩니다.

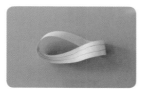  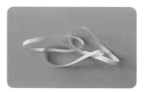

세 번 꼬인 띠 자르기

1 세 번 꼬인 띠를 2개 만듭니다.

2 세 번 꼬인 띠 가운데 색연필로 중심선을 긋고 선을 따라 자릅니다.

3 자른 모양을 살펴봅니다. 2배 길이인 하나의 고리가 8자 모양으로 얽힌 모양이 됩니다.

 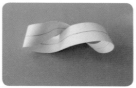 

4 이번에는 세 번 꼬인 띠에 색연필로 3등분선을 그리고 선을 따라 자릅니다.

5 자른 모양을 살펴봅니다. 세 번 꼬인 띠에 8자 모양으로 얽힌 2배 길이인 띠 하나가 얽힌 모양이 됩니다.

 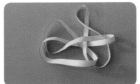 

TIP **놀이의 팁**

- 한 번 꼬은 뫼비우스의 띠와 두 번, 세 번 꼬은 띠를 중심선, 3등분선을 따라 잘라봄으로써 뫼비우스 띠의 특징뿐 아니라 수학에 대한 재미와 신비를 느낄 수 있습니다.

- 이 놀이에서는 색도화지 긴 쪽을 3cm 폭으로 자른 띠를 사용하였습니다.

- 자르기 전에 꼭 중심선이나 3등분선을 색연필로 그린 후 가위로 자릅니다.

- 색도화지가 일반 흰 도화지보다 더 부드러워서 꼬아서 붙인 후 선을 그을 때 더욱 편리합니다.

- 선생님께서 미리 충분한 양을 잘라서 개인당 8장씩 사용할 수 있도록 모둠별로 바구니에 띠를 담아 나눠주면 시간을 절약할 수 있습니다.

- 아이들은 띠를 한 번 꼬는 것은 어려워하지 않는데 두 번 꼬는 것부터는 많이 헷갈려 합니다. 선생님께서 전체 설명 후 모둠별로 다니면서 꼰다는 의미를 다시 한 번 자세히 설명해 주시기 바랍니다.

- 띠에 선을 그을 때는 들고 그리는 것보다 띠를 바닥에 놓고 색연필로 선을 긋는 것이 훨씬 편하고 빠르게 그릴 수 있습니다.

- 중심선, 3등분선을 그릴 때 띠를 정확하게 2등분, 3등분하는 것은 어려우므로 너무 정확

하게 그리도록 강조하지 않아도 됩니다.

- 세 번 꼬은 띠에 선을 긋는 활동을 하는 도중 아이들이 네 번이나 다섯 번 꼬면 어떻게 되는지, 4등분하면 어떻게 되는지 물어보았습니다. 좋은 질문이라고 말하며 좀 더 긴 띠를 가지고 해 보도록 격려했더니, 아이들이 실제로 도전해 보았습니다. 다음은 두 번 꼬고 4등분한 사진입니다.

- 개인당 8장의 띠를 사용하므로 활동을 하고 난 후 정리정돈이 힘듭니다. A4 용지를 담았던 종이상자를 준비하여 활동하고 난 띠들을 담아 분리수거하면 좋습니다.

8-02 3면 접시 만들기

- **교과 적용 단원** 2학년 1학기 2단원 〈여러 가지 도형〉, 3학년 1학기 2단원 〈평면도형〉, 4학년 1학기 3단원 〈각도와 삼각형〉, 4학년 2학기 3단원 〈다각형〉, 6학년 2학기 6단원 〈여러 가지 문제〉
- **준비물** 색깔 3면 접시, 정삼각형 인쇄 자료, 색종이, 두꺼운 종이, A4, 가위, 풀, 투명테이프

×××××××××××××××××××××××××××

안과 밖의 구별이 없는 뫼비우스의 띠를 응용하여 면이 세 개인 3면 접시를 만들어보는 활동입니다. 놀이 방법대로 뫼비우스의 띠를 접시 모양이 되도록 만든 후 안쪽을 중심으로 돌리면 면이 3개가 나옵니다. 정삼각형 9개를 붙여서 3면 접시를 만들 수도 있고, 긴 띠로 정삼각형 을 접어서 3면 접시를 만들 수도 있습니다.

정삼각형을 이용한 색깔 3면 접시 만들기

1 선생님께서 예시 작품으로 만들어놓은 색깔 3면 접시를 뒤집어서 면이 3개 나오는 것을 보여줍니다.

2 정삼각형 인쇄 자료를 두꺼운 종이에 붙인 후 선대로 오려서 정삼각형 9개 를 준비합니다. 또는 자와 컴퍼스, 각 도기 등을 사용하여 정삼각형을 직접 그려도 됩니다.

3 9개의 정삼각형 양면에 다음 그림을 참고해서 색종이를 붙입니다. '앞'의 삼 각형을 아래로 뒤집었을 때 '뒤'의 삼각형의 색이 나오도록 붙입니다.

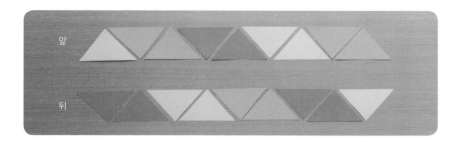

4 사진처럼 '앞' 모양으로 색종이를 배열하고 0.1cm정도의 여유를 두어 앞뒤로 투명테이프를 붙입니다.

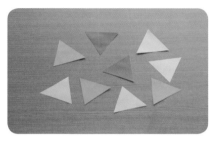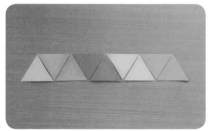

5 흰색 점선에 따라 빨간 삼각형이 나오도록 접습니다.

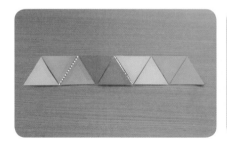

6 5를 뒤집어서 점선을 따라 접은 후 투명테이프로 연결합니다.

7 완성한 3면 접시를 뒤집어서 3면을 확인합니다. 접시를 반으로 접은 후 띠를 꼰 가운데 부분에 손가락을 넣고 정삼각형을 젖혀주면 잘 뒤집어집니다.

완성한 모습

TIP **놀이의 팁**

● 예시 작품으로 만든 색깔 3면 접시는 각 정삼각형을 코팅해서 코팅한 테두리를 0.1cm 정도 여유를 두고 자른 후 정삼각형끼리 0.1cm 정도 간격을 두고 투명테이프로 붙여 만들었습니다.

● 아이들은 일일이 코팅하는 것이 번거로우므로 정삼각형 모양의 두꺼운 종이 앞뒤에 색종이를 붙여 완성하도록 했습니다.

● 앞뒤로 색종이를 붙인 정삼각형 9개를 연결해서 긴 띠가 되도록 만든 것을 왼쪽으로 접어가면서 정육각형을 만들고 마지막 부분을 투명테이프로 마무리해 준 것이 결국은 꼬는 결과가 됩니다. 따라서, 뫼비우스의 띠를 활용해 3면 접시를 만들 수 있는 것입니다.

● 두꺼운 종이의 정삼각형을 오린 후에 색종이를 붙일 때 여유 있는 크기의 색종이에 두꺼운 종이를 붙인 후 테두리대로 오리도록 합니다. 또 반대편에 여유 있는 크기의 색종이를 붙여서 삼각형 테두리를 오리도록 해서 쉽게 색깔 정삼각형 9개를 만들 수 있습니다.

● 예시로 제시한 색은 노랑, 빨강, 녹색이었으나 아이들이 다른 색을 원할 경우 색을 바꿔서 만들도록 했습니다. 대신 위치가 바뀌면 한 면의 색이 모두 같지 않게 되니 자신이 원하는 색으로 바꿀 경우 색의 위치를 잘 확인하도록 했습니다.

- 예시 작품을 만들 때 삼각형을 연결하기 위해서 앞뒤로 투명테이프를 붙였는데, 아이들과 수업할 때는 시간이 부족해 한 면만 투명테이프를 붙이게 했더니 0.1cm의 여분 부분이 끈적거려서 접시를 뒤집을 때 많이 불편했습니다. 아이들에게 시간을 충분히 주어 앞뒤로 투명테이프를 붙이도록 하는 것이 좋습니다.

긴 띠종이로 3면 접시 만들기

1   A4를 4.3cm 높이로 가로로 길게 자릅니다.

2   긴 띠의 왼쪽 변을 2등분하도록 접었다 편 선을 만듭니다.

3   긴 띠의 왼쪽 아래 꼭짓점이 접었다 편 선과 만나도록 접습니다.

4   접은 선을 가위로 자릅니다.

5   4를 뒤집은 후 왼쪽 변을 위의 변과 만나도록 접어올립니다. 이때 접어올려

서 만들어진 삼각형이 바로 정삼각형입니다.

6 이제 지그재그 모양이 되도록 산 접기와 골짜기 접기를 반복해서 정삼각형
   이 10개가 되도록 접고, 남은 부분은 가위로 잘라냅니다.

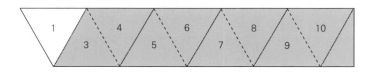

7 삼각형 10장 중 뒤에 있는 5장만 위로 접은 후 맨 앞과 맨 뒤에 있는 삼각
   형에 각각 풀칠을 하여 삼각형을 붙입니다.

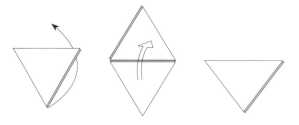

8 3면 접시 완성! 젖혀서 펴주면 정육각형 모양이 나오는데, 모두 3개의 면이
   나옵니다. 각 면에 서로 다른 도형을 그려서 확인해 보세요.

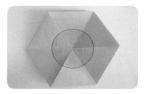  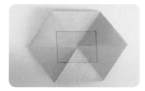

9_ 패턴블록

'패턴블록(Pattern Blocks)'은 1960년대 초 미국의 초등과학연구회가 평면 위에서 패턴를 탐구하기 위해 개발한 교구입니다. 패턴블록은 정육각형, 사다리꼴, 평행사변형, 마름모, 정사각형, 정삼각형 모양으로 구성되어 있으며, 정육각형은 노란색, 사다리꼴은 빨간색, 평행사변형은 파란색, 마름모는 갈색, 정사각형은 주황색, 정삼각형은 녹색으로 만들어졌습니다.

패턴블록 한 세트에는 모두 250개의 블록이 들어 있는데, 정육각형, 정사각형은 25개, 사다리꼴, 평행사변형, 마름모, 정삼각형은 50개씩 들어 있습니다.

패턴블록에 포함된 모양 조각들은 사다리꼴의 긴 변 하나를 빼고 모든 변의 길이가 1인치(2.54cm)로 같고 두께도 같아서 모양 조각들을 변끼리 붙이면 정확하게 딱 맞습니다. 패턴블록은 일반적으로 나무나 플라스틱으로 만들어졌는데, 적당한 두께를 지니고 있어 손에 잡는 부피감도 적당하여 가지고 활동하기에 좋습니다. 또 각도는 모두 30°의 배수로 되어 있어서 여러 모양 조각을 모아서 180° 또는 360° 크기의 각을 다양하게 만들어 바닥을 빈틈없이 덮을 수 있습니다.

패턴블록은 다양한 도형 만들기뿐 아니라 분수, 넓이의 개념 등에 활용할 수 있는 유용한 놀이교구입니다.

- **교과 적용 단원** 1학년 2학기 2단원 〈여러 가지 모양〉, 2학년 1학기 2단원 〈여러 가지 도형〉, 3학년 1학기 2단원 〈평면도형〉, 3학년 1학기 6단원 〈분수와 소수〉, 3학년 2학기 4단원 〈분수〉, 4학년 1학기 3단원 〈각도와 삼각형〉, 4학년 2학기 3단원 〈다각형〉
- **준비물** 패턴블록

×××××××××××××××××××××××××××

패턴블록은 정육각형, 사다리꼴, 평행사변형, 마름모, 정사각형, 정삼각형 6가지 모양 조각으로 구성되어 있으며 변의 길이가 같고, 각의 크기가 30°의 배수라는 특징을 가지고 있습니다. 패턴블록을 이루는 모양 조각을 탐구하며 특징을 찾아보도록 합니다.

패턴블록 살펴보기

1 패턴블록에 어떤 모양이 있는지 살펴봅니다.

2 각 모양 조각을 관찰하고 어떤 특징이 있는지 알아봅니다. 모양 조각들은 사다리꼴의 긴 변 하나를 빼고 모든 변들의 길이가 같고, 두께도 같습니다. 모양 조각들을 변끼리 붙이면 정확하게 딱 맞습니다. 각도는 모두 30°의 배수입니다. 따라서 여러 모양 조각을 모아서 180° 또는 360° 크기의 각을 다

양하게 만들어 바닥을 빈틈없이 덮을 수 있습니다.

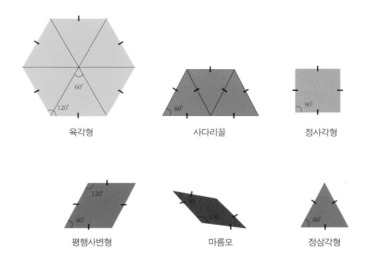

육각형   사다리꼴   정사각형

평행사변형   마름모   정삼각형

정육각형 만들기

1   모양 조각으로 정육각형을 만들어봅니다.

2   노란색 모양 조각은 정육각형입니다. 정육
각형 이외의 모양 조각 중 1가지만 여러
개 사용해서 정육각형을 만들도록 합니다.
노란색 정육각형 위에 모양 조각을 올려놓
으면서 만들어도 됩니다.

3   사다리꼴, 평행사변형, 정삼각형으로 정육
각형을 만들 수 있습니다. 정육각형을 만
들기 위해서 사다리꼴은 2개, 평행사변형

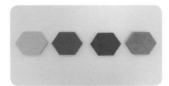

은 3개, 정삼각형은 6개가 필요합니다.

4 모양 조각 중 2가지 이상을 여러 개 사용해서 정육각형을 만들어봅니다. 뒤집거나 돌려서 같은 모양은 한 가지로 봅니다.

5 모둠 친구들과 만든 모양을 비교해 보고, 만들 수 있는 모든 경우를 한 사람의 책상에 모아서 늘어놓습니다.

6 아이들 모두 자유롭게 다니면서 다른 모둠 친구들이 잘 찾았는지, 몇 가지를 찾았는지 확인합니다. 뒤집거나 돌려서 같은 경우가 있다면 그 모둠 친구들에게 알려줍니다.

7 모양 조각 중 2가지 이상을 여러 개 사용해서 정육각형을 만들 수 있는 경우는 아래와 같이 모두 5가지입니다.

분수로 나타내기

1 정육각형을 1이라고 할 때 각 모양 조각의 크기를 분수로 나타내봅니다.

2 사다리꼴은 정육각형을 2등분한 것 중의 하나이므로 사다리꼴은 정육각형의 1/2이고, 평행사변형은 정육각형의 1/3이고, 정삼각형은 정육각형의 1/6입니다.

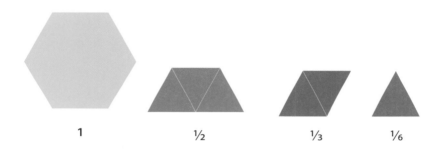

1   ½   ⅓   ⅙

TIP 놀이의 팁

● 모양 조각을 탐구할 때 특징을 잘 찾지 못한다면 변의 길이와 각도를 비교해 보도록 힌트를 주세요.

● 모양 조각으로 정육각형을 만들때 꼭짓점을 정확하게 딱 맞게 놓기가 힘듭니다. 약간 어긋난 것은 이해해 주세요.

● 분수의 개념을 배우지 않았다면 분수로 나타내기 활동은 생략합니다.

● 대부분의 아이들은 모양 조각 중 2가지 이상을 사용하여 5가지의 정육각형을 잘 찾으나 뒤집거나 돌려서 같은 모양을 확인하지 못하고 같은 경우를 반복하여 찾아놓는 경우가 있습니다. 따라서 다른 친구들이 찾은 모양을 확인하는 시간을 갖는 것이 좋습니다. 또는 실물화상기를 통해 5가지의 정육각형을 다 함께 확인하는 것도 좋습니다.

- **교과 적용 단원** 2학년 1학기 2단원 〈여러 가지 도형〉, 3학년 1학기 2단원 〈평면도형〉, 4학년 2학기 3단원 〈다각형〉, 5학년 1학기 5단원 〈다각형의 넓이〉
- **준비물** 패턴블록, 정삼각형 격자, 색연필, 사인펜

✗ ✗

패턴블록을 이루는 모양 조각 중 평행사변형, 사다리꼴, 정육각형의 넓이는 각각 정삼각형 넓이의 2, 3, 6배입니다. 4가지 모양 조각을 사용하여 선생님께서 제시한 넓이가 되도록 모양을 만드는 활동을 통해 넓이에 대한 감각을 익힐 수 있습니다.

놀이 방법

1 정삼각형 모양 조각의 넓이를 1이라고 하면, 다른 모양 조각은 넓이가 얼마나 되는지 알아보도록 합니다. (평행사변형은 2, 사다리꼴은 3, 정육각형은 6이 됩니다.)

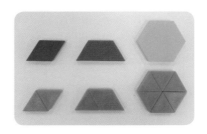

2 정삼각형, 평행사변형, 사다리꼴, 정육각형 모양 조각을 사용해서 넓이가 15가 되도록 모양을 만듭니다. 이외에도 여러 경우를 만들어봅니다.

3 모둠 친구들이 만드는 모양이 넓이가 15인지 서로 확인합니다.

4 지금까지 만든 모양을 모두 정리한 후 넓이가 20이 되도록 모양을 만들도록 합니다.

5 만든 모양 중 가장 마음에 드는 1가지를 정삼각형 격자에 옮겨 그립니다. 먼저 연필이나 사인펜으로 모양 조각의 테두리를 본뜬 후 모양 조각의 색에 따라 색칠하고 이름을 짓도록 합니다.

6 완성한 활동지는 칠판에 붙이고 다른 친구들의 작품을 감상합니다.

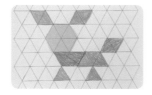

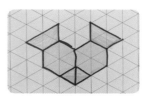

TIP **놀이의 팁**

● 같은 모양이라도 다른 모양 조각으로 만들 수 있습니다. 이때 모양 조각을 보기 좋게 선

택하게 하면 좋습니다. 좌우 대칭이 되도록 한다거나 색의 배치를 규칙적으로 할 수 있습니다.

- 놀이 방법에서는 넓이 15, 20인 경우를 만들도록 제시하였으나 아이들과 의논하여 넓이를 바꾸어도 됩니다.

- 모양 조각을 꼭짓점만 맞닿게 놓는 경우 만든 모양을 정삼각형 격자에 옮겨 그리지 못할 수 있습니다. 이때에는 아래의 사진처럼 모양의 위치를 정삼각형 격자에 맞게 조금 바꿔서 그리도록 합니다.

9-03 여러 가지 모양 만들기

- **교과 적용 단원** 2학년 1학기 2단원 〈여러 가지 도형〉, 3학년 1학기 2단원 〈평면도형〉, 4학년 1학기 3단원 〈각도와 삼각형〉, 4학년 2학기 3단원 〈다각형〉, 5학년 2학기 2단원 〈합동과 대칭〉
- **준비물** 패턴블록, 흰색 A4, 색연필, 사인펜

××××××××××××××××××××××××××

시중에서 판매하는 패턴블록에는 테두리만 제시한 도안이 들어 있어 도안을 따라서 모양을 만들 수 있습니다. 이와 같이 도안에 따라 모양을 만들거나, 나만의 모양을 만들어보는 활동을 하며 도형에 대한 감각과 창의성을 키울 수 있도록 합니다.

도안에 따라 모양 만들기

1 모양 조각을 밀고 뒤집고 돌려서 여러 가지 모양을 만들 수 있습니다. 1가지 또는 2개 이상의 모양 조각을 사용하여 별모양을 만들어봅니다.

2 정삼각형과 평행사변형 모양 조각을 이용하여 별 모양을 만들 수 있습니다. 이외에 다른 모양 조각을 사용하여 별 모양을 만드는 것도 가능합니다.

3 테두리만 있는 도안을 제시하고 패턴블록으로 모양을 채워 완성하도록 합니다.

나만의 모양 만들기

1 6가지 모양 조각 중 원하는 모양 조각을 선택해서 창의적으로 나만의 모양을 만들어 봅니다.

2 모양을 만들고 이름을 붙입니다.

테셀레이션 놀이

1 패턴블록의 모양 조각을 이용하여 테셀레이션을 할 수 있습니다. 테셀레이션에 관한 방법은 〈PART 4 규칙성〉의 〈테셀레이션〉을 참고해 주세요.

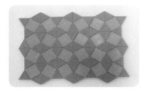 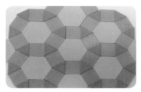 

TIP 🔵 **놀이의 팁**

● 도안에 따라 모양을 만드는 것에 정답은 없습니다. 어떤 모양 조각을 몇 개 사용하느냐에 따라서 테두리의 모양은 같으나 모양을 만드는 경우는 다양합니다.

● 도안에 따라 모양을 만드는 활동은 중간 놀이 시간이나 점심 시간 등 여유 시간에 지속적으로 자유롭게 도전해 보도록 하는 것이 좋습니다.

● 아이들이 도안에 따라 모양을 만들거나 나만의 모양을 만들 경우 선생님께서는 아이들의 작품을 사진 촬영을 해주세요. 아이들에게 기념이나 동기부여도 되고, 또 다른 모양을 만들기 위해 아쉬움 없이 다시 시작하는 모습을 볼 수 있습니다.

10_ 지오보드

지오보드(Geoboard)는 점판 또는 기하판이라고도 불리며, 영국의 수학교육자 가테노 (C. Gattegno)가 만들었습니다. 지오보드는 플라스틱이나 나무판 위에 같은 간격의 격자점에 못을 박아 만드는데, 그 못에 고무줄을 걸어 여러 가지 도형을 만들 수 있고 재미있는 활동도 할 수 있습니다.

지오보드에는 여러 가지 종류가 있습니다. 흔히 사용하는 정사각형 격자점에 못을 박아 만든 정사각 지오보드, 주변에 있는 못 사이의 간격이 같도록 엇갈려서 못을 박아 만든 정삼각 지오보드, 원 위에 못을 박아 만든 원형 지오보드가 있습니다.

보통 불투명한 플라스틱으로 만들어진 지오보드가 많은데 투명한 플라스틱으로 만들어진 지오보드도 있습니다. 같은 정사각 지오보드라도 가로, 세로의 점의 개수가 여러 가지입니다. 아이들은 지오보드를 이용하여 삼각형, 사각형 등과 같은 여러 가지 도형을 만들 수 있고, 도형을 뒤집고 돌리는 활동을 통하여 공간감각능력을 키울 수 있으며, 재미있는 나만의 모양을 만들며 창의력과 수학적 사고력도 신장시킬 수 있습니다.

10-01 도형 뒤집고 돌리기

- **교과 적용 단원** 1학년 2학기 2단원 〈여러 가지 모양〉, 2학년 1학기 2단원 〈여러 가지 도형〉, 3학년 1학기 2단원 〈평면도형〉, 4학년 1학기 3단원 〈각도와 삼각형〉, 4학년 2학기 3단원 〈다각형〉
- **준비물** 지오보드, 고무줄, 연필, 자, 점종이

××××××××××××××××××××××××××

도형의 위치를 이동하거나 모양이나 크기를 바꾸는 것을 '도형 변환'이라고 합니다. 이 중 크기는 바뀌지 않은 채 위치를 이동하는 변환으로 초등학교에서 학습하는 밀기, 돌리기, 뒤집기가 있습니다. 이러한 '도형 변환'을 지오보드를 통해 쉽고 재미있게 익힐 수 있습니다.

여러 가지 도형 만들기

1   지오보드의 못에 고무줄을 걸어서 여러 가지 모양을 만들어보도록 합니다.
2   정사각 지오보드의 세 개의 못에 고무줄을 걸어서 여러 가지 모양을 만든 후 지오보드에 만든 모양을 아래와 같이 점종이에 그리도록 합니다. 점종이란 지오보드의 모양을 종이에 그대로 옮겨 그린 것을 말합니다. 지오보드를 구하기 어려울 경우에는 점종이에 바로 모양을 그려도 됩니다.

 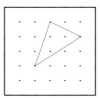

3 정사각 지오보드의 네 개의 못에 고무줄을 걸어서 여러 가지 모양을 만든 후 지오보드에 만든 모양을 아래와 같이 점종이에 그립니다.

 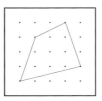

4 도형의 안쪽에 있는 못의 수를 다르게 해서 여러 가지 도형을 만들어보도록 합니다.

5 도형의 안쪽에 못이 1개 있는 도형을 만든 후 점종이에 그립니다.

 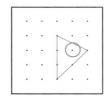

6 도형의 안쪽에 못이 2개 있는 도형을 만든 후 점종이에 그립니다.

7 도형의 안쪽에 있는 못의 수를 늘려서 다양한 도형도 만들어봅니다.

도형 돌리기

1 지오보드를 이용해서 도형 돌리기를 해봅니다.

2 지오보드의 못에 고무줄을 걸어서 왼쪽의 기본 모양을 만든 후 시계 방향으로 90° 씩 돌려본 후 돌린 모양을 오른쪽과 같이 고무줄로 나타내보도록 합니다.

3 다음 2가지 기본 모양을 지오보드의 못에 고무줄을 걸어서 만든 후 위와 같이 시계 방향으로 90° 씩 돌린 모양을 고무줄로 나타내보도록 합니다. 만든 모양을 아래 점종이에 그려서 모양을 완성합니다.

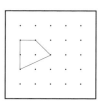 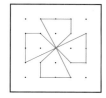

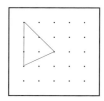 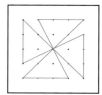

도형 뒤집기

1 지오보드의 못에 고무줄을 걸어서 다음과 같은 모양을 만듭니다.

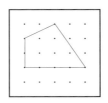

2 오른쪽, 왼쪽, 위, 아래로 뒤집었을
때 어떤 모양이 될지 예상해 봅니다.
거울에 비추어보며 뒤집었을 때 모
양을 알아봅니다.

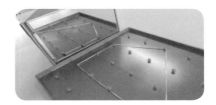

3 뒤집은 모양을 고무줄로 나타내어
보고 점종이에 그려봅니다.

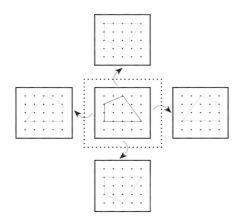

● 지오보드에는 정사각형 격자점에 못을 받아 만든 정사각 지오보드, 주변에 있는 못 사이의 간격이 같도록 엇갈려 못을 박아 만든 정삼각 지오보드, 원 위에 못을 박아 만든 원형 지오보드가 있습니다.

● 예각삼각형, 직각삼각형, 둔각삼각형 등과 같이 여러 가지 삼각형을 배울 때나 정사각형, 직사각형, 사다리꼴, 평행사변형, 마름모 등과 같이 여러 가지 사각형을 배울 때도 지오보드를 이용하여 삼각형과 사각형을 직접 만들어보면 좋습니다.

● 지오보드를 이용하여 도형 밀기, 뒤집기, 돌리기 등 도형의 이동을 지도하면 효과적입니다. 지오보드에 고무줄을 걸어서 만든 모양을 밀고 뒤집고 돌리는 등 도형의 이동을 익히며 공간감각능력을 키울 수 있습니다.

● 도형 뒤집기를 할 때는 투명 지오보드가 효과적입니다. 거울에 비추지 않고 지오보드를 뒤집으면 뒤집힌 모양을 바로 볼 수 있습니다.

● 정삼각 지오보드를 사용하여 정육면체의 겨냥도를 나타내거나 정삼각형을 만드는 데 사용하면 효과적입니다.

10-02 여러 가지 모양 만들기

- **교과 적용 단원** 1학년 2학기 2단원 〈여러 가지 모양〉, 2학년 1학기 2단원 〈여러 가지 도형〉, 3학년 1학기 2단원 〈평면도형〉, 4학년 1학기 3단원 〈각도와 삼각형〉, 4학년 2학기 3단원 〈다각형〉, 5학년 2학기 2단원 〈합동과 대칭〉
- **준비물** 지오보드, 고무줄, 연필, 자, 점종이

××××××××××××××××××××××××××××××

도형 만들기와 도형 뒤집고 돌리기 놀이를 한 후 이를 활용하여 자유롭게 모양 만들기를 하도록 합니다. 여러 가지 색, 여러 가지 길이의 고무줄을 적절히 이용하여 나만의 모양을 만들 수 있습니다.

놀이 방법

1   지오보드의 못에 여러 가지 색을 가진 다양한 길이의 고무줄을 걸어 자유롭게 모양을 만들어보도록 합니다.

2   선을 표현하고 싶을 때는 다음과 같이 줄을 걸도록 합니다.

3   모양을 만들다가 모양을 수정하고 싶으면 고무줄을 빼서 다시 걸어 모양을 만듭니다.

4   지오보드에 만든 모양을 점종이에 옮겨 그립니다.

5   모양을 다 만들고 나면 기념 촬영을 하고, 다른 모양을 만들어보도록 합니다.

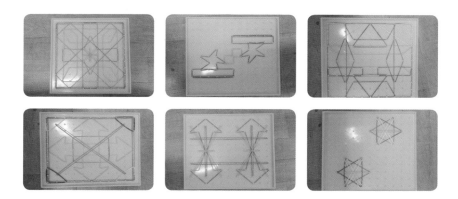

TIP   **놀이의 팁**

● 고무줄의 길이가 다양하므로 너무 헐렁하거나 너무 당기지 않도록 적당한 고무줄을 선택하여 사용하도록 합니다.

● 지오보드의 수가 부족할 때는 2명이 1개의 지오보드를 사용해도 됩니다.

● 아이들은 합동과 대칭의 개념을 활용하여 자신이 만드는 모양이 점대칭도형 또는 선대칭도형이 되도록 만드는 활동에 즐겁게 참여합니다. 개정된 수학 교과서에는 〈점대칭의 위치에 있는 도형, 선대칭의 위치에 있는 도형〉에 대한 내용이 빠져 있지만, 그 전에 이 개념을 학습할 때 지오보드를 활용하니 매우 효과적이었습니다.

11_ 사색 문제

각 도별로 영역이 나뉘어진 우리나라 지도와 각 나라별로 영역이 나뉘어진 세계 지도가 있습니다. 서로 인접한 지역을 다른 색으로 칠하려고 합니다. 최소한 몇 가지의 색이 필요할까요? 이것이 바로 사색(四色) 문제입니다.

사색 문제는 1852년 프란시스 구드리(Francis Guthrie)가 처음으로 연구하였고, 1879년 영국의 수학자 아서 케일리(Arthur Cayley)의 논문을 통해 학문적으로 논의되었습니다. 1879년 알프레드 켐프(Alfred Kempe)가 증명을 발표하였지만 증명 과정에 약간의 오류가 있었습니다. 그 후 100년간 많은 연구가 지속되었지만 증명을 못 하는 어려운 문제로 남아 있다가 켐프가 증명한 내용을 보완 발전시켜 1976년 일리노이 대학교의 볼프강 하켄(Wolfgang Haken)과 케네스 아펠(Kenneth Appel)이 공동으로 사색 문제를 증명하였습니다.

대부분의 지도는 5가지 이상의 색으로 칠해져 있는 경우가 많습니다. 최소의 색을 사용하는 것보다는 영역을 잘 구분하여 볼 수 있도록 색을 선택하여 칠하는 데 중점을 두었기 때문입니다. 이러한 지도를 보고 사색 문제를 생각해 내고 정말 오랜 시간 많은 사람들이 고민하고 연구하여 마침내 증명해 냈다니 사람들의 지적 호기심과 탐구심은 정말 대단합니다. 우리 아이들에게도 지도를 최소의 색으로 칠하는 데 도전해 보며 꼬마 수학자의 경험을 갖게 해주는 건 어떨까요?

11-01 최소의 색으로 색칠하기

- **교과 적용 단원** 1학년 2학기 6단원 〈규칙 찾기〉, 2학년 1학기 2단원 〈여러 가지 도형〉, 2학년 2학기 6단원 〈규칙 찾기〉, 3학년 1학기 2단원 〈평면도형〉, 4학년 1학기 3단원 〈각도와 삼각형〉, 4학년 2학기 3단원 〈다각형〉
- **준비물** 영역 활동지, 지도 활동지, 연필, 지우개, 색연필, 사인펜

✕✕✕✕✕✕✕✕✕✕✕✕✕✕✕✕✕✕✕✕✕✕✕✕✕✕✕✕

어떠한 지도라도 최소 몇 가지 색만 있으면 영역을 구별하여 색칠할 수 있는지 알아보는 활동입니다. 아이들은 색칠하기를 좋아해서 목적을 갖고 탐구하며 색칠해 보는 활동에 즐겁게 참여합니다.

영역을 최소의 색으로 색칠하기

1 영역별로 색칠하는 방법을 설명합니다. 경계가 맞닿는 부분은 다른 색으로 칠해야 하고, 꼭짓점이 만난 부분은 경계로 치지 않습니다. 이때 '사색 문제'라는 용어는 언급하지 않습니다.

2 영역 활동지를 나누어주고, 영역별로 최소의 색을 사용하여 색칠하도록 합니다.

3 색칠이 끝나면 각자 몇 가지 색을 이용해 어떻게 색칠했는지 발표합니다.

4 각 경우마다 사용한 최소의 색이 몇 가지인지 살펴보며, 최소의 색이 4가지가 넘지 않았음을 확인하도록 합니다.

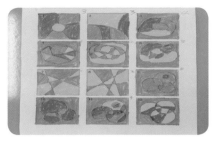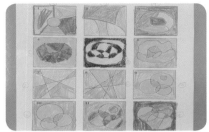

5 더 많은 수의 색으로 칠한 경우 모둠 친구들과 어떻게 색칠하면 최소의 수
   로 색칠할 수 있는지 확인합니다.

지도를 최소의 색으로 색칠하기

1 4가지 종류의 지도가 그려진 활동지를 나누어주고, 영역별로 최소의 색을
   사용하여 색칠하도록 합니다.

2 아이들이 모두 색칠이 끝나면 각자 몇 가지 색을 이용해 어떻게 색칠했는지
   발표합니다. 우리나라 지도는 3가지 색이 필요하고 나머지는 4가지 색이 필
   요합니다.

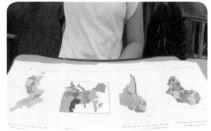

3 더 많은 수의 색으로 칠한 경우 모둠 친구들과 어떻게 색칠하면 최소의 수

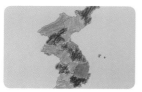  

로 색칠할 수 있는지 확인하도록 합니다.

4   선생님께서는 아이들에게 어떠한 지도라도 4가지 색만 있으면 색칠이 가능
하다는 것을 알려주고, '사색 문제'에 대해 이야기해 줍니다.

TIP   놀이의 팁

● 무조건 색칠하지 말고 어떻게 하면 최소의 색을 사용할 수 있는지 미리 생각한 후 색칠을
하도록 합니다. 연필로 미리 색을 적거나, 같은 색을 칠할 곳에 같은 숫자를 흐리게 써서 배
치한 후 색칠하도록 하면 좋습니다.

● 처음에는 옅게 색칠하고 시간이 남으면 덧칠해서 진하게 색칠하도록 강조합니다. 선생님
께서는 아이들이 색칠하고 있는 중간에도 확인하며 조언해 주세요. 꼼꼼하고 예쁘게 색칠
하며 시간을 보내는 아이들이 많습니다.

● 영역 활동지를 색칠하는 데 40분 수업, 지도 활동지를 색칠하는 데 40~80분 수업으로 진
행 하면 좋습니다.

● '사색 문제'에 대한 설명을 해주며 여러 가지 지도나 사회과부도의 지도를 살펴보며 몇 가
지로 색칠되었는지 확인해 보는 활동을 하는 것도 좋습니다. 지도는 5가지 이상의 수로 색
칠되어 있는 경우가 많습니다. 이러한 지도를 보며 수학자들이 사색 문제를 생각해 냈다는
것을 알려주세요.

11-02 지도 그리기

- **교과 적용 단원** 1학년 2학기 6단원 〈규칙 찾기〉, 2학년 1학기 2단원 〈여러 가지 도형〉, 2학년 2학기 6단원 〈규칙 찾기〉, 3학년 1학기 2단원 〈평면도형〉, 4학년 1학기 3단원 〈각도와 삼각형〉, 4학년 2학기 3단원 〈다각형〉
- **준비물** 활동지, 연필, 지우개, 색연필, 사인펜

✕✕✕✕✕✕✕✕✕✕✕✕✕✕✕✕✕✕✕✕✕✕✕✕✕✕✕✕

지도를 영역별로 최소의 색으로 색칠하는 활동에서 더 나아가 정해진 가짓수만큼의 색으로 칠할 수 있는 지도를 그리는 활동입니다. 완벽하다고 할 수는 없지만 귀납적으로 사색 문제를 증명할 수 있는 방법이기도 합니다.

놀이 방법

1   3가지 색으로만 색칠이 가능한 지도를 자유롭게 그리도록 합니다. 지도 이외에 캐릭터나 물건을 그려도 됩니다.

2   연습장에 미리 그려본 후 활동지에 옮겨 그리도록 합니다.

3   지도를 그린 후 3가지 색으로 칠합니다.

 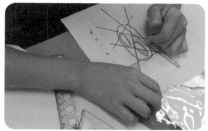

4 4가지 색으로만 색칠이 가능한 지도를 자유롭게 그리고 색칠합니다.

5 아이들이 5가지 색으로만 색칠이 가능한 지도 그리기에 도전하도록 합니다.

6 완성된 활동지를 자석으로 칠판에 붙이도록 합니다.

7 다른 친구들의 작품을 감상하고 관찰하며 잘못된 부분은 없는지 확인합니다.

TIP 놀이의 팁

● 지도를 직접 그릴 때는 연습장에 미리 스케치를 한 후 활동지에 그리도록 합니다. 원을 3

등분한 모양이라든가 사각형을 4등분한 모양같이 단순한 지도보다는 여러 영역으로 나누어지는 복잡한 지도를 그리도록 격려합니다.

- 놀이명은 〈지도 그리기〉이지만 아이들이 캐릭터나 물건을 그려도 되냐고 질문하여 허락을 했더니 지도 이외의 다양한 모양을 그리기도 했습니다.

- 선생님께서 일일이 지도를 그린 활동지를 확인하면서 잘 그렸나 확인하려면 시간과 노력이 많이 필요하니, 다 그린 작품은 교실 뒤 게시판 또는 교실 앞 칠판에 게시하고 아이들이 서로의 작품을 감상하며 잘못된 점을 꼼꼼히 확인할 수 있도록 합니다.

- 아이들에게 '5가지 색으로만 색칠이 가능한 지도 그리기에 도전하기'라고 방법을 제시했지만 사실 5가지 색으로 색칠할 수 있는 지도는 없습니다. 하지만 아이들은 가능하다고 생각하며 그려오기도 합니다. 친구의 작품을 서로 감상하고 관찰하며 잘못된 점을 발견하도록 합니다.

- 5가지 색으로만 색칠이 가능한 지도를 그린 아이들이 많았습니다만, 다시 살펴보면 모두 4가지 색만으로 색칠이 가능한 지도입니다. 이와 같이 5가지 색만으로 색칠이 가능한 지도를 그릴 수 없음을 다시 한 번 확인합니다.

MATH

선생님과 아이들 모두가 즐거워지는
수학 수업 만들기
초등 수학 단원별 활용 가능한
61가지 수학 놀이 총정리

놀 이 로 수 학 수 업 이 즐 거 워 진 다 !

Part 3

입체도형

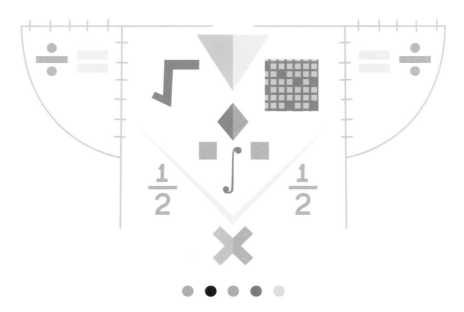

12_ 입체도형

입체도형이란 한 평면 위에 있지 않고 공간을 차지하고 있는 도형을 말합니다. 초등학교에서는 직육면체와 정육면체, 각기둥과 각뿔, 원기둥과 원뿔, 그리고 구를 배우는데, 입체도형은 실제 모형을 관찰하고 탐구하며 도형에 대한 이해와 감각을 키울 수 있도록 하는 것이 학습에 효과적입니다.

이 중 직육면체와 정육면체, 각기둥과 각뿔을 여러 가지 재료를 이용하여 직접 만들어보고, 직육면체 상자를 준비하여 모서리를 직접 잘라서 다양한 전개도를 만들어보며 재미있는 도형 탐구의 시간을 가질 수 있습니다.

또 직육면체와 정육면체 전개도 만들기와 각뿔과 각기둥 만들기 활동과 연관지어 정다면체에 대해 탐구할 수 있습니다. 정다면체의 전개도를 이용하거나 종이접기를 하여 정다면체를 만드는 활동도 가능합니다.

평면이 아닌 입체적인 여러 방법으로 입체도형에 대하여 알아보며 아이들의 도형 감각을 키워주세요.

12-01 각기둥과 각뿔 만들기

- **교과 적용 단원** 5학년 1학기 2단원 〈직육면체〉, 6학년 1학기 1단원 〈각기둥과 각뿔〉
- **준비물** 빨대, 이쑤시개, 신문지, 지점토, 자, 투명테이프, 가위

✕✕✕✕✕✕✕✕✕✕✕✕✕✕✕✕✕✕✕✕✕✕✕✕

각기둥과 각뿔의 개념을 알아보고, 여러 가지 재료를 활용하여 각기둥과 각뿔을 만들어보면서 입체도형에 대한 탐구를 할 수 있습니다. 실제로 각기둥과 각뿔에서 면과 면이 만나는 부분이 모서리가 되지만, 이 활동에서는 빨대, 이쑤시개, 신문지 등으로 모서리를 표현하여 만들도록 합니다.

놀이 방법

1 각기둥과 각뿔의 개념과 종류를 알아봅니다. 각기둥이란 위와 아래에 있는 면이 서로 평행이고 합동인 다각형으로 이루어진 입체도형으로 밑면의 모양에 따라 이름이 정해집니다. 각뿔이란 밑면과 평행하게 잘랐을 때 단면의 모양이 밑면과 같지만 크기가 작아지면서 끝부분이 한 점으로 모이는 입체도형으로 각기둥과 마찬가지로 밑면의 모양에 따라 이름이 정해집니다.

2 아이들에게 빨대, 이쑤시개, 신문지 중 각기둥과 각뿔을 만들 재료를 선택하게 합니다.

3 아이들이 빨대나 이쑤시개를 선택했다면, 빨대나 이쑤시개로 모서리를 표현하고 지점토를 점이 되도록 하여 각기둥과 각뿔을 각각 1가지씩 만듭니다.

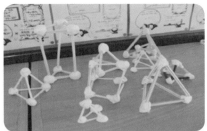

4 아이들이 신문지를 선택했다면, 신문지를 말아서 모서리가 되도록 하여 투명테이프로 붙여서 각기둥과 각뿔을 각각 1가지씩 만듭니다.

TIP 놀이의 팁

● 선생님께서는 아이들이 각기둥과 각뿔을 만들기 전에 각기둥과 각뿔의 모양을 충분히 탐구할 수 있도록 합니다.

● 어떤 입체도형을 만들 것인지 선택한 후 모서리의 길이가 같아야 하는 부분을 생각하고, 필요한 수만큼 빨대, 이쑤시개, 신문지를 잘라서 만듭니다.

● 각기둥을 만들 때 밑면 이외의 모서리들이 밑면과 수직이 되도록 주의합니다. 만들고 나면 모서리가 기울어져 있는 경우가 있습니다.

● 각기둥과 각뿔을 만드는 방법을 활용하여 직육면체와 정육면체를 만들 수 있습니다.

- **교과 적용 단원** 5학년 1학기 2단원 〈직육면체〉, 6학년 1학기 1단원 〈각기둥과 각뿔〉
- **준비물** 각 입체도형의 전개도, 두꺼운 도화지, 색A4, 투명테이프, 집게자석, 판자석, 가위, 풀

××××××××××××××××××××××××××××

입체도형의 모서리를 잘라서 펼쳐놓은 그림을 전개도라고 합니다. 전개도를 보고 알맞은 도형을 짝짓는 놀이를 하거나 입체도형 모양의 상자를 직접 자르고 펼쳐서 다양한 전개도를 탐구하는 활동을 통해 입체도형의 전개도를 보다 재미있고 쉽게 이해하도록 할 수 있습니다.

도형. 이름 카드. 전개도 카드 짝짓기

1 놀이에 앞서 각뿔, 각기둥 전개도를 확대 복사(A4 → A1)하여 두꺼운 도화지에 붙여 각기둥과 각뿔을 만듭니다.

2 각뿔, 각기둥 전개도와 각뿔, 각기둥 이름을 각각 1장씩 인쇄해서 카드를 만듭니다. 각뿔, 각기둥 이름은 색지에 인쇄합니다.

3 이름 카드와 전개도 카드를 코팅한 후 판자석을 작게 오려서 앞뒤로 붙입니다.

4 상자 속에 6가지 입체도형(삼각뿔, 사각뿔, 육각뿔, 삼각기둥, 사각기둥, 육각기둥)을 넣고, 칠판에 이름 카드와 전개도 카드를 무작위로 섞어 붙여둡니다.

5 놀이를 할 모둠 순서를 정합니다. 모둠에서 1명이 대표로 나와 상자 속을 보지 않고 입체도형을 하나 꺼내도록 합니다.

6 꺼낸 입체도형에 알맞은 이름 카드와 전개도 카드를 찾아 칠판에 나란히 붙입니다.

7 올바르게 짝지은 후 선택한 입체도형의 특징을 하나 이상 말하면 모둠 점수를 얻습니다.

8 순서대로 다른 모둠 대표가 1명씩 나와서 상자에 남아 있는 입체도형을 하나씩 꺼내서 놀이를 반복합니다.

9 올바르게 짝짓지 못하거나 입체도형의 특징을 말하지 못하면 입체도형을 상자에 다시 넣어야 하며, 점수도 얻지 못합니다.

10 모둠 점수가 높은 모둠이 이깁니다.

TIP 놀이의 팁

● 각뿔, 각기둥 모형이 있다면 굳이 전개도를 이용하여 만들지 않아도 됩니다.

● 칠판에 이름 카드와 전개도 카드를 붙여놓고 다 함께 놀이를 해도 되고, 모둠별로 카드를 준비하여 모둠별 놀이를 해도 됩니다.

이름 카드와 전개도 카드 짝짓기

1   각뿔, 각기둥 이름 카드와 각뿔, 각기둥 전개도 카드를 따로 분류하여 칠판
    에 뒤집어 붙이도록 합니다.

2   놀이를 할 순서를 정합니다. 먼저 하는 모둠의 대표 한 명이 나와서 이름 카
    드와 전개도 카드를 각각 한 장씩 뒤집습니다.

3   이름 카드와 전개도 카드가 서로 맞으면 모둠 점수를 얻고, 맞지 않으면 다
    시 그 자리에 뒤집어놓도록 합니다.

4   모둠 순서대로 반복하여 놀이를 합니다.

5   모둠 점수가 높은 모둠이 이깁니다.

TIP 놀이의 팁

● 이름 카드와 전개도 카드를 뒤집을 때 아이들이 자리에 앉아서 어떤 카드를 뒤집을지 말하
  고, 선생님께서 뒤집어도 됩니다. 이때는 카드의 뒷면에 1, 2, 3 등과 같이 번호를 적어두
  면 아이들이 카드를 선택하기가 편리합니다.

● 전체 놀이가 아닌 모둠별 또는 짝놀이로 진행해도 됩니다.

직육면체 전개도 찾기

1   각자 직육면체 모양 상자를 1개씩 준비하도록 합니다.

2   직육면체 모양 상자를 모서리를 따라 가위로 잘라서 펼칩니다.

3   6개의 면 이외에 필요 없는 부분을 잘라내고 자석을 이용해 펼친 모양을 칠판에 붙이도록 합니다.

4   친구들의 전개도를 비교해 보고, 칠판에 붙어 있는 전개도를 다시 아이들에게 나누어줍니다.

5   붙어 있는 모서리를 잘라서 자신이 만든 전개도와 다른 모양의 전개도가 되도록 면과 면을 투명테이프로 붙입니다. 다른 친구들이 만든 전개도를 관찰하며 다른 모양의 전개도를 찾아봅니다.

6   자석을 이용하여 전개도를 칠판에 붙이고, 친구들이 만든 전개도와 비교해 보도록 합니다.

TIP **놀이의 팁**

● 직육면체 상자는 집에서 준비해 오도록 합니다. 여유 있게 시간을 주고 혹시 못 가져오는 친구를 위해 여유분으로 여러 개 가져오도록 합니다.

● 직육면체 상자는 갑티슈보다 부피가 작은 것으로 가져오도록 합니다. 너무 크면 모서리를

 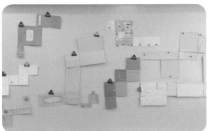

자를 때 불편합니다.

● 상자의 모양이 독특한 경우 종이를 서로 붙여 하나의 면을 만들어야 하는 경우도 있습니다.

● 다시 전개도를 만드는 시도를 할 때 면을 하나만 잘라서 이동하여 투명테이프로 붙일 수도 있지만, 6개의 면을 모두 잘라서 배치해 보고 투명테이프로 붙이도록 해도 좋습니다.

면을 이동하여 직육면체 전개도 찾기

1 직육면체를 이루는 6개의 면 뒤에 판자석을 붙인 후 칠판에 붙여놓습니다.

2 6개의 면을 적절히 배치하여 전개도를 만듭니다.

3 친구가 만든 전개도의 면을 움직여서 또 다른 모양의 전개도가 되도록 만듭니다.

● 직육면체를 이루는 6개의 면은 서로 마주보는 평행한 면끼리 같은 색으로 준비하면 좋습니다.

● 친구들이 면을 이동하여 전개도 만드는 것을 함께 관찰하며 전개도를 만드는 다양한 방법을 생각해 보는 기회가 되도록 합니다.

● 아이들 개인적으로 6개의 면을 가지고 활동을 해도 좋습니다.

- **교과 적용 단원** 4학년 1학기 3단원 〈각도와 삼각형〉, 5학년 1학기 2단원 〈직육면체〉, 6학년 1학기 1단원 〈각기둥과 각뿔〉
- **준비물** 정다면체 모형, 정다면체 전개도, 색도화지, 두꺼운 도화지, 검은 도화지, 가위, 풀, 종이 본드, 양면테이프

××××××××××××××××××××××××××

직육면체와 정육면체 전개도 만들기, 각뿔과 각기둥 만들기에 대한 수학 수업과 연관 지어 정다면체에 대해 알아볼 수 있습니다. 정다면체의 전개도를 이용해서 정다면체를 직접 만들어보는 활동을 하며 교과서 외에 색다른 도형을 접해 보면서 보다 수학적인 사고를 할 수 있습니다.

정다면체 알아보기

1   5개의 정다면체 모형을 관찰합니다. 정다면체의 특징, 공통점, 차이점에 대해서 자유롭게 발표합니다.

2   아이들의 발표를 토대로 정다면체를 정의하고, 각 정다면체의 이름을 알아보도록 합니다. 정다면체란 각 면이 서로 합동인 정다각형이고, 각 꼭짓점에 모인 면의 개수가 같은 볼록한 다면체입니다. 정다면체는 면의 수에 따라 이름이 붙여지는데 정다면체의 종류로는 정사면체, 정육면체, 정팔면체, 정십이면체, 정이십면체가 있습니다.

3 선생님께서는 아이들에게 플라톤의 정다면체 이야기를 해주세요. 5가지 정다면체 중에서 정사면체와 정육면체, 정팔면체는 고대 이집트인들도 알고 있을 정도로 옛날부터 알려져 왔었고, 이 중 정이십면체는 약 2,500년 전 피타고라스 학파의 제자 중 히파소스라는 사람이 발견했습니다. 다른 학자들도 정다면체가 다섯 가지 이외에 더 있지 않을까 연구했지만 발견할 수 없었습니다. 그러다가 플라톤이 정다면체가 왜 5개만 존재하는지 증명해서 이것들을 '플라톤의 입체'라고 부릅니다. 플라톤은 5개의 정다면체를 각각 불, 공기, 물, 흙, 우주와 연관시켰습니다.

놀이 방법

1 5가지 정다면체 전개도를 나누어줍니다. 완성했을 경우 어떤 정다면체가 되는지 생각해 보고 발표합니다.

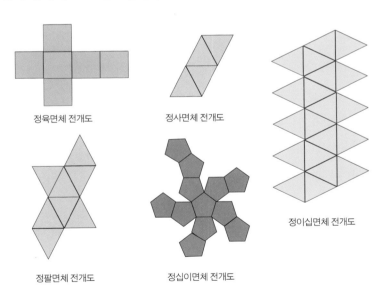

정육면체 전개도

정사면체 전개도

정이십면체 전개도

정팔면체 전개도

정십이면체 전개도

2 정다면체 전개도를 색도화지, 검은 도화지, 두꺼운 도화지 중 원하는 종이에 붙입니다.

3 정다면체 전개도를 오리고, 손톱으로 자국을 내면서 점선을 따라 접도록 합니다.

4 점선을 따라 접은 후 종이본드나 양면테이프로 붙이도록 합니다.

5 친구들이 만든 정다면체와 자신이 만든 정다면체를 비교해 보도록 합니다.

TIP **놀이의 팁**

● 정다면체 모형이 없다면 선생님께서 미리 전개도로 정다면체 5가지를 만들어 수업 시간에 아이들에게 보여주도록 하세요.

● 플라톤의 정다면체에 대해서 이야기 나누며 옛 수학자의 생각을 알아볼 수 있습니다.

- 정다면체를 만들거나 종이접기를 할 때 순서에 상관없이 만들고 싶은 도형을 먼저 만들도록 합니다. 시간이 부족하다면 5가지 모두 만들지 않아도 됩니다.

- 전개도를 대강 오린 후 도화지에 붙이고 나서 테두리를 정교하게 오립니다.

- 전개도를 인쇄한 A4를 색도화지, 두꺼운 도화지, 검은 도화지 중 하나에 붙이니 적당히 두꺼워서 튼튼하게 만들 수 있었습니다. 전개도를 두꺼운 도화지에 직접 복사해서 사용하면 더욱 편리합니다. 색도화지는 복사가 잘 되지만 두께가 얇은 편입니다.

- 전개도의 점선대로 손톱 자국을 확실히 내면서 정확하게 접은 후 오므리면 정다면체를 손쉽게 만들 수 있습니다.

- 전개도의 여분은 풀보다는 종이본드나 양면테이프로 붙여야 쉽게 잘 고정됩니다.

- 아이들의 수준에 따라 정다면체 이외에 준정다면체 등의 여러 도형의 전개도를 활용하여 다양한 도형을 만드는 것도 좋습니다.

- **교과 적용 단원** 1학년 1학기 2단원 〈여러 가지 모양〉, 4학년 1학기 3단원 〈각도와 삼각형〉, 5학년 1학기 2단원 〈직육면체〉, 6학년 1학기 1단원 〈각기둥과 각뿔〉
- **준비물** 색종이, 풀

×××××××××××××××××××××××××××

여러 장의 색종이를 접어 조립하여 정다면체를 만들 수 있습니다. 종이 접기로 정다면체를 만들 수 있는 방법은 여러 가지가 있는데 그중에서 아이들이 쉽게 접을 수 있고, 접어서 조립했을 때 보기 좋은 모양이 되는 방법을 소개합니다. 아이들과 미술 시간을 활용해 종이접기로 정다면체를 만들어보세요.

정육면체 접기

1 한 변이 15cm인 색종이를 6장 준비하여 다음과 같은 순서로 접습니다.

2 오른쪽 아랫부분을 윗변에 맞게 접어 올린 후 위쪽 색종이를 펴고 오른쪽 부분을 삼각형이 되도록 접습니다.

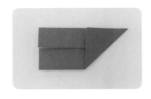  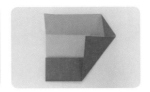

3 색종이를 180도로 돌려서 위의 과정을 반복하여 접습니다.

4 유니트가 완성되었습니다. 유니트를 모두 6장을 접어 연결합니다.

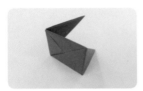  

5 정육면체가 완성되었습니다.

- 선생님께서 색종이를 접는 순서에 따라 시범을 보여도 되고, 종이접기하는 방법을 인쇄하여 아이들에게 나누어주고 순서에 따라 접도록 해도 됩니다.

- 색종이를 접을 때 선을 정확하게 접고, 접는 선을 손톱으로 눌러주어 뚜렷하게 내주어야 유니트가 반듯하게 조립됩니다.

- 색종이로 정다면체를 만들기 위해 유니트를 접을 때 같은 색으로 접어도 되고 2가지 이상의 색으로 접어도 됩니다. 색의 조화를 생각하며 색을 선택하여 접도록 합니다.

- 유니트를 접을 때 아이들마다 이해나 접는 속도에 많은 차이가 납니다. 이때는 접는 방법에 대해서 하나의 단계마다 전체적으로 1~2번 설명한 후 각 모둠별로 살펴보며 바르게 접었는지 확인해 주고 친구들끼리 서로 도와주도록 합니다.

- 정육면체나 정사면체를 접을 때는 한 변이 7.5cm인 색종이를 사용해도 됩니다.

정사면체. 정팔면체. 정이십면체를 접기 위한 유니트 접기

1 한 변이 15cm인 색종이 6장을 준비합니다. 색종이를 다음과 같이 가로, 세로, 대각선 방향으로 접었다 폅니다.

2 오른쪽 아래 꼭짓점을 가로로 접은 선에 맞닿게 하면서 삼각형 모양이 되도록 접습니다. 접은 삼각형에서 접힌 선을 대각선으로 접은 선과 맞닿으면서 삼각형 모양이 되도록 접습니다. 이때 삼각형을 벌리며 눌러 접어야 합니다.

3   접은 색종이를 180도로 돌려서 위의 과정을 반복하여 접습니다.

4   다음과 같이 접은 후 꼭짓점 부분을 주머니에 끼워 넣습니다.

5   아래 가운데 사진의 점선을 따라 접었다 폅니다.

6   접은 선을 중심으로 양쪽을 접었다 펴면 유니트가 완성됩니다.

놀이의 팁

● 정사면체, 정팔면체, 정이십면체를 접기 위해서 필요한 유니트는 접는 방법이 같습니다. 그래서 유니트를 접는 방법을 설명하며 함께 유니트를 접은 후 정사면체 조립하기, 정팔면체 조립하기, 정이십면체 조립하기 순서로 정다면체를 만들도록 합니다.

● 정이십면체와 정십이면체를 만들기 위해서는 유니트가 각각 10개, 12개가 필요하므로 짝 또는 모둠이 서로 도와 정이십면체나 정십이면체를 1개씩 만들도록 합니다.

● 정다면체를 접을 때 색종이가 각각 몇 장이 필요한지 미리 알려주고 원하는 색종이를 준비하도록 합니다. 접는 방법에 대해서 한 단계씩 선생님께서 설명하고 따라서 접도록 하는데, 이때 접고 나서 시간이 남으면 그 단계만큼 다른 색종이를 더 접도록 해주세요. 접는 시간을 절약할 수 있습니다.

● 정십이면체나 정이십면체를 만들기 위해 유니트를 조립할 때 살짝 풀칠을 해서 유니트를 고정해도 됩니다. 아이들이 올바른 방법으로 조립을 하고 있는지 확인한 후 조립한 부분이 자꾸 빠져 불편해 할 때 풀칠해도 된다고 말해 줍니다.

정사면체 접기

1   서로 반대 방향이 되도록 유니트 2장을 접습니다. 두 번째 사진처럼 접은 유니트를 서로 끼운 후 접습니다.

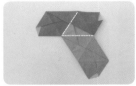

2   유니트의 정삼각형 부분의 가운데 주머니에 다른 유니트의 끝부분을 끼워 넣으며 유니트를 연결합니다.

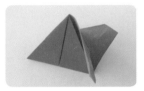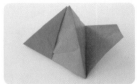

3   정사면체가 완성되었습니다.

정팔면체 접기

1 같은 방향이 되도록 유니트 4장을 접습니다. 사진처럼 유니트를 순서대로 연결합니다.

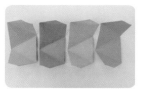  

2 다음과 같이 끼워넣어 정팔면체의 윗부분을 연결한 후 아랫부분도 같은 방법으로 연결합니다.

  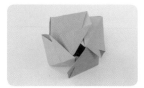

3 정팔면체가 완성되었습니다.

 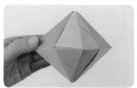

정이십면체 접기

1 유니트를 다른 방향으로 각각 5장씩 모두 10장을 접습니다. 같은 방향의 유니트 5장을 사진처럼 연결합니다. 5장의 유니트를 연결할 때 살짝 풀칠을 해서 고정해도 됩니다.

2 다른 방향으로 접은 유니트 5장도 같은 방법으로 연결합니다. 5장을 연결한 유니트 2세트를 서로 결합하면 정이십면체가 완성됩니다.

정십이면체 접기

1 먼저 정십이면체를 만들 유니트를 접도록 합니다. 색종이를 사진처럼 가로, 세로로 접었다 펼칩니다. 접은 가로선을 중심으로 위아래를 접었다 편 후 새로 접은 선을 중심으로 아래와 같이 접습니다.

2 가로선을 중심으로 반으로 접은 후 오른쪽과 왼쪽을 사진처럼 접으면 저고리 모양이 됩니다. 뒤집어서 뒤쪽도 같은 방법으로 접습니다.

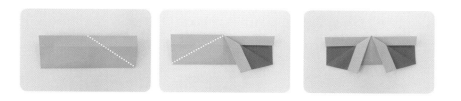

3 양면이 저고리 모양이 되었습니다. 마름모꼴이 되도록 접힌 부분을 폅니다.

4 오른쪽 아랫변이 중심선에 맞닿도록 접었다 편 후 왼쪽도 같은 방법으로 접었다 폅니다. 그리고 아랫부분을 모두 폅니다.

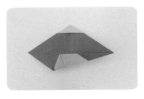 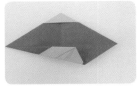 

5 오른쪽과 왼쪽을 가운데 사선에 맞닿게 삼각형이 되도록 접은 후 접은 부분의 위쪽 각이 반이 되도록 다시 접습니다. 그렇게 접으면 아래 맨 오른쪽 사진처럼 왼쪽 삼각형이 겹치는 형태가 됩니다.

6 위쪽에 접은 부분을 모두 폅니다. 오른쪽과 왼쪽을 사선에 맞닿게 삼각형 모양이 되도록 접은 후 사선을 따라 다시 접습니다.

 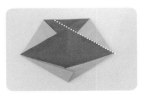 

7 마름모 모양을 반으로 접습니다. 삼각형의 오른쪽 꼭짓점을 왼쪽 변과 사선이 만난 점과 맞닿도록 접었다 폅니다.

  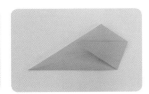

8 삼각형의 왼쪽 꼭짓점을 오른쪽 변과 사선이 만난 점과 맞닿도록 접었다 펴면 유니트가 완성됩니다. 이렇게 유니트 12장을 접습니다.

  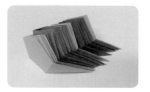

9 종이를 끼울 수 있는 두 변에 다른 유니트의 날개 부분을 끼워넣으며 조립합니다. 유니트를 연결할 때 살짝 풀칠을 해서 고정해도 됩니다.

 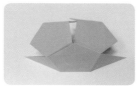 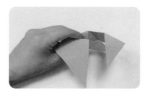

10 나머지 유니트로 공 모양을 만들 듯이 형태를 잡아가며 연결하면 정십이면체가 완성됩니다.

 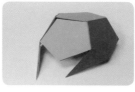 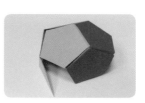

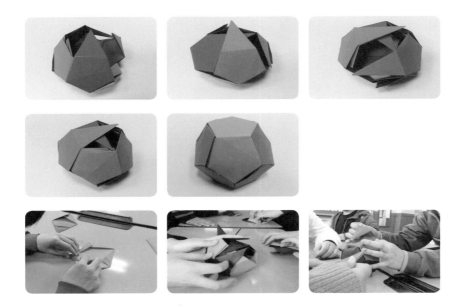

13_ 쌓기나무

쌓기나무는 정육면체 모양의 나무 조각입니다. 일반적으로 쌓기나무 한 변의 길이는 2cm나 2.5cm입니다. 색을 칠하지 않아 나무 본연의 색을 지니고 있는 쌓기나무도 있고, 여러 가지 알록달록한 색을 칠한 쌓기나무도 있습니다.

쌓기나무로는 여러 가지 다양한 모양을 만들 수 있는데, 쌓기나무 2개로 만든 모양은 디큐브, 3개로 만든 모양은 트리큐브, 4개로 만든 모양은 테트라큐브, 5개로 만든 모양은 펜타큐브라고 합니다. 디큐브, 트리큐브, 테트라큐브, 펜타큐브를 만들며 뒤집고 돌리는 활동을 통해 도형에 대한 감각을 익힐 수 있습니다. 또한 규칙을 정해 쌓기나무로 여러 가지 모양을 만들면서 패턴을 경험할 수 있으며, 쌓은 모양을 보고 규칙을 찾아보는 활동도 할 수 있습니다.

쌓기나무는 단순한 모양이지만 다양한 모양으로 쌓는 과정을 통해 창의성과 집중력을 키울 수 있는 효과적인 놀이 교구입니다.

13-01 쌓기나무 높이 쌓기 & 규칙 정해 쌓기

- **교과 적용 단원** 1학년 2학기 6단원 〈규칙 찾기〉, 2학년 1학기 2단원 〈여러 가지 도형〉, 2학년 2학기 6단원 〈규칙 찾기〉, 6학년 2학기 1단원 〈쌓기나무〉
- **준비물** 쌓기나무

××××××××××××××××××××××××××

쌓기나무를 여러 가지 방법으로 쌓는 놀이입니다. 혼자 할 수도 있지만 모둠이나 짝 활동으로 서로 의논하고 도우며 즐겁게 쌓도록 해주세요. 쌓기나무를 높이 쌓으면서 집중력을 키울 수 있고, 친구들과 규칙을 정하는 과정을 통해 의사소통능력과 창의성을 키울 수 있습니다.

쌓기나무 높이 쌓기

1 같은 개수의 쌓기나무를 모둠별로 바구니에 담아 나누어줍니다. 최소한 30개 이상 나누어주세요.

2 서로 도우며 쌓기나무를 높이 쌓도록 합니다.

3 어느 모둠이 가장 높이 쌓았는지 비교해 봅니다.

규칙 정해 높이 쌓기

1 쌓기나무를 바구니에 담아 모둠별로 나누어줍니다.

2 모둠 친구들과 어떤 규칙으로 쌓기나무를 쌓을 것인지 의논하도록 합니다.

3 정한 규칙에 따라 쌓기나무를 쌓도록 합니다.

4 기념 촬영을 하고 쌓은 모양에 알맞은 이름을 지어보도록 합니다.

TIP 놀이의 팁

● 쌓기나무를 높이 쌓을 때 목표 개수를 정해 주면 좋습니다. 목표 개수는 30개가 적당합
니다. 10~20개 정도는 잘 쌓는데 20개 이상이 되면 자꾸 무너집니다.

● 목표 개수를 정해 주지 않고 각 모둠별로 어느 모둠이 가장 높이 쌓았는지 비교하기는 조
금 어렵습니다. 계속 높이 쌓다가 어느 순간 무너지기 때문입니다. 그래서 각 모둠별로 마
지막에 몇 개까지 쌓았는지 개수를 세어 비교해 보도록 했습니다.

● 높이 쌓을수록 쌓기나무가 불안정해집니다. 아이들은 중간에 쌓아놓은 쌓기나무를 조금씩 움직여서 중심을 잡기도 합니다.

● 규칙을 정해 쌓기나무를 쌓고 나서 사진 촬영을 하고, 또 다른 규칙을 정해서 다른 모양을 쌓아보도록 합니다.

● 색깔 있는 쌓기나무를 활용하여 색까지 고려하여 규칙에 따라 쌓도록 할 수도 있습니다.

13-02 테트라큐브와 펜타큐브 찾기

• 교과 적용 단원 2학년 1학기 2단원 〈여러 가지 도형〉, 2학년 2학기 6단원 〈규칙 찾기〉, 6학년 2학기 1단원 〈쌓기나무〉
• 준비물 쌓기나무

××××××××××××××××××××××××××××

수학 교과서에는 쌓기나무를 활용하여 여러 가지 모양을 쌓는 활동이 제시되어 있습니다. 이와 연관하여 친구들과 협력하여 테트라큐브와 펜타큐브를 찾는 활동을 할 수 있습니다. 테트라큐브란 정육면체 4개를 면끼리 붙여 만든 모양이고, 펜타큐브는 정육면체 5개를 면끼리 붙여 만든 모양입니다.

놀이 방법

1 쌓기나무 1개로 만들 수 있는 모양은 1가지입니다.
2 쌓기나무 2개를 면끼리 붙여 모양을 만들어봅니다. 뒤집거나 돌려서 같은 모양은 1가지로 봅니다. 이 모양도 역시 1가지입니다. 이를 디큐브라고 부르며, 선생님께서는 아이들에게 디큐브란 크기가 같은 정육면체 2개를 면끼리 맞붙여 만든 모양이라고 설명해 줍니다. 용어가 어려울 수 있으므로 용어를 강조하지는 않아도 됩니다.

3 이번에는 쌓기나무 3개를 면끼리 붙여 모양을 만들어보도록 합니다. 이와 같은 모양을 트리큐브라고 부르며 2가지 모양이 있습니다.

4 쌓기나무 4개를 쌓아서 모양을 만들어보도록 합니다. 만든 모양은 책상 위에 늘어놓아 모두 몇 가지인지 확인합니다.

5 위의 오른쪽과 같은 모양을 테트라큐브라고 부르며 8가지 모양이 있습니다. 반 아이들과 함께 모양을 1가지씩 확인합니다.

6 이번에는 쌓기나무 5개를 쌓아서 모양을 만들어봅니다. 이와 같은 모양을 펜타큐브라고 부르며 모두 29가지 모양이 있습니다. 반 아이들과 함께 모양을 1가지씩 확인합니다.

TIP **놀이의 팁**

● 디큐브, 트리큐브, 테트라큐브는 혼자 또는 둘이서 찾도록 해도 되지만, 펜타큐브는 쌓기

나무도 많이 필요하고 찾기 어려우므로 모둠이 함께 협력하여 찾습니다.

● 펜타큐브 29가지를 모두 찾는 것은 어렵습니다. 선생님께서는 아이들이 모든 모양을 빠짐 없이 찾아야 한다는 스트레스를 받지 않게 친구들과 함께 다양한 모양을 즐겁게 찾도록 지도해 주세요.

● 모양을 찾을 때 이미 만들어놓은 모양을 참고하여 그중 쌓기나무 1개를 옮겨서 만들 수 있는 모양을 찾아보도록 합니다. 찾지 못한 모양을 추가로 찾는 데 도움이 됩니다.

● 테트라큐브와 펜타큐브 모양을 1가지씩 확인할 때 시간을 여유 있게 주세요. 선생님께서 제시한 모양과 아이들이 만든 모양이 같을 수도 있지만, 뒤집고 돌려서 같은 모양을 찾아야 하기 때문입니다. 이 과정을 통해서도 뒤집기, 돌리기 등의 도형의 이동에 대한 감각을 키울 수 있습니다.

● 수학자 피에트 하인(Piet Hein)은 트리큐브, 테트라큐브 중 7가지 모양을 선택하여 소마큐브라는 퍼즐을 만들었습니다. 뒤에 나오는 소마큐브와 연관하여 지도할 수 있습니다.

● 펜타큐브 29가지는 다음과 같습니다.

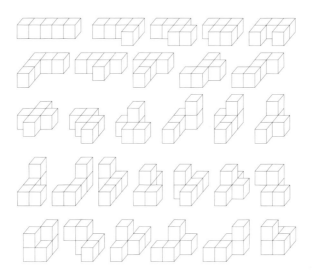

14_ 소마큐브

덴마크 출신의 시인이자 물리학자이며 수학자인 피에트 하인(Piet Hein)은 1936년의 어느 날, 강의를 듣던 중 아이디어가 떠올라 퍼즐을 만들었고 이 퍼즐의 이름을 '소마큐브(Soma Cube)'라고 이름지었습니다. 소마큐브에서 '소마(Soma)'란 미래사회를 묘사한 올더스 헉슬리(Aldous Huxly)의 소설《멋진 신세계(Brave New World)》에서 그 세계의 정착민들이 한가하거나 기분이 좋지 않을 때 사용했던 중독성이 매우 강한 마약의 이름이며, '큐브(Cube)'란 정육면체를 의미합니다. 소마큐브는 3개 또는 4개의 정육면체의 면을 붙여서 만든 7가지 조각으로 이루어져 있고, 7가지 조각을 잘 맞추면 정육면체가 됩니다. 소마큐브는 칠교 놀이나 펜토미노와는 달리 입체라는 특징이 있습니다. 소마큐브는 쌓기나무를 활용한 수학 수업에 재미있게 활용할 수 있습니다. 무엇보다 아이들이 재미있어 하는 것은 소마큐브로 정육면체를 만들거나 다양한 모양을 창의적으로 만드는 활동입니다. 소마 조각을 이리 저리 돌려보고 맞추다 보면 퍼즐을 풀어보는 즐거움을 만끽할 수 있으며, 수학적 창의성과 문제 해결력뿐 아니라 공간지각능력, 공간분석력 등 입체도형에 대한 이해와 감각을 키울 수 있습니다.

14-01 소마 조각 찾기 & 소마큐브 만들기

• **교과 적용 단원** 2학년 1학기 2단원 〈여러 가지 도형〉, 2학년 2학기 6단원 〈규칙 찾기〉, 6학년 2학기 1단원 〈쌓기나무〉
• **준비물** 쌓기나무, 목공본드

× ×

27개의 쌓기나무를 붙여서 재미있는 퍼즐인 소마큐브를 만들 수 있습니다. 퍼즐 디자이너가 되어 피에트 하인이 어떤 조각을 선택하여 소마큐브를 만들었을지 예상해 보며 소마 조각을 직접 만들어보도록 합니다.

놀이 방법

1   2명당 쌓기나무를 최소 60개씩 나누어줍니다. 또는 4인 1모둠에 쌓기나무를 100개 이상 바구니에 담아 나누어주고 함께 사용하도록 합니다.

2   4개 이하의 쌓기나무를 서로 면을 연결하여 쌓아 만들 수 있는 모양을 모두 만들도록 합니다. 돌리거나 뒤집었을 때 같은 모양은 1가지로 봅니다.

3   4개 이하의 쌓기나무로 만들 수 있는 모양은 아래와 같이 모두 12가지입니다.

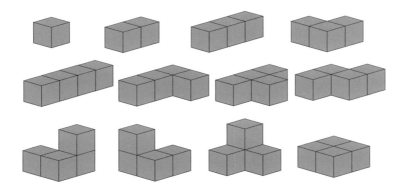

4 소마큐브로 만든 정육면체를 아이들에게 보여 주며 소마큐브에 대한 설명을 합니다. 7가지 조각이 각각 어떻게 생겼는지는 알려주지 않 습니다.

5 소마큐브는 7가지 소마 조각으로 이루어져 있는데 1가지는 쌓기나무 3개 로, 나머지 6가지는 쌓기나무 4개로 이루어져 있습니다. 12가지 모양 중에 서 해당되지 않는 것을 정리합니다. 이제 10가지 모양이 남았습니다.

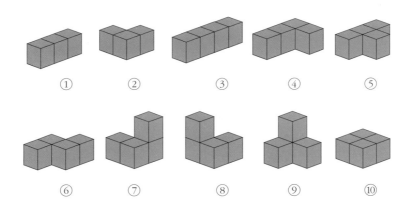

6 내가 소마큐브를 만든 피에트 하인이라면 10가지 모양 중에서 어떤 모양을 소마 조각으로 선택할지 고민하고 모둠별로 서로 의논하여 선택하도록 합니다.

7 10가지 모양 중에서 ③은 한 변의 길이가 4이므로 소마 조각에서 제외합니다. 피에트 하인은 그 외에 ①, ⑩를 빼고, ②, ④, ⑤, ⑥, ⑦, ⑧, ⑨를 선택해서 소마큐브를 만들었습니다.

8 모둠별로 선택한 모양을 비교해 보고, 소마큐브를 이루는 소마 조각 7가지를 소개합니다. 각 모둠별로 선택한 모양과 비교해 보도록 합니다. 소마 큐브는 일반적으로 아래와 같이 번호를 매겨 사용합니다.

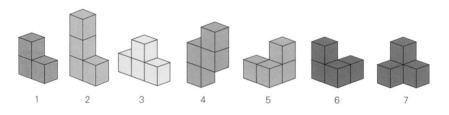

9 이제 소마큐브를 직접 만들 차례입니다. 아이들 1인당 쌓기나무 27개와 목공본드를 나누어줍니다.

10 쌓기나무의 한 면에 목공본드를 콩알만큼 짜도록 하고 다른 쌓기나무의 면에 목공본드를 짠 면을 문질러 목공본드가 면에 골고루 묻도록 합니다. 쌓기나무끼리 면에 정확하게 닿도록 붙입니다.

11 7가지 소마 조각의 모양을 잘 보고 모양대로 쌓기나무를 붙인 후 본드가 마를 때까지 움직이지 않게 주의합니다.

12 본드가 다 마르고 나면 연필로 소마 조각에 1에서 7까지 번호를 쓰도록 합니다.

TIP 놀이의 팁

- 2000년대 초에는 쌓기나무 100개에 이만오천 원에서 삼만 원 정도로 비싼 편이어서 목공소에 2cm×2cm×2cm크기로 나무조각을 잘라달라고 했습니다. 소마큐브 1세트를 만드는 데 쌓기나무 27개가 필요하므로 20세트를 만들기 위해서 540개를 주문하였고, 비용은 오만 원이었습니다. 목공소에서 사 온 쌓기나무들이 자른 면이 거칠어서 사포와 끌로 다듬어 사용했던 기억이 나네요. 요즘은 쌓기나무를 저렴하게 구입할 수 있으니 구입해서 사용하세요.

- 500mL 우유갑에 소마큐브를 1세트씩 담아서 보관하기 위해서 쌓기나무를 2cm가 되도록 잘랐습니다. 소마큐브를 담은 우유갑은 바구니에 보관하였습니다.

- 처음에는 쌓기나무를 붙이기 위해서 강력본드를 사용했는데 시간이 지나면 자꾸 떨어집니다. 강력본드보다는 목공본드가 훨씬 잘 붙으니 목공본드를 사용하시기 바랍니다.

- 놀이 시간 동안 4개 이하의 쌓기나무를 이용하여 모양을 만들고 그중에서 소마 조각이 어떤 것이 있을지 생각해 보는 활동을 해야 하는데, 주로 아이들은 쌓기나무를 쌓아서 여러 가지 모양을 만들거나 위로 높이 쌓는 놀이를 합니다. 놀이를 시작하기 전 쉬는 시간에 미리 쌓기나무를 나누어주고 각자 실컷 가지고 놀 수 있도록 한 후 놀이 시간에는 활동에 집중하도록 하면 좋습니다.

- 저학년의 경우는 쌓기나무를 정밀하게 붙이는 것을 어려워합니다. 선생님께서는 교실을 다니시면서 아이들이 본드를 발라서 붙여놓은 소마 조각의 비뚤어진 면은 손으로 살짝 움직여서 정밀하게 맞닿도록 해주세요. 아직 굳기 전이라 조금씩 움직입니다.

14-02 소마 조각을 앞, 옆, 위에서 본 모양 그리기

- **교과 적용 단원** 2학년 1학기 2단원 〈여러 가지 도형〉, 6학년 2학기 1단원 〈쌓기나무〉
- **준비물** 쌓기나무 또는 소마큐브, 활동지, 색연필, 사인펜, 연필, 지우개

✕✕✕✕✕✕✕✕✕✕✕✕✕✕✕✕✕✕✕✕✕✕✕✕✕✕

7가지 소마 조각을 앞, 옆, 위에서 본 모양을 추측하여 그리고 확인하는 활동을 통하여 공간방향능력 및 공간에서의 위치와 관계를 직관적으로 파악하는 능력을 기를 수 있습니다. 소마 조각은 비교적 모양이 단순하여 앞, 옆, 위에서 본 모양을 그리는 활동을 하는 데 적당합니다.

놀이 방법

1   다음과 같은 활동지를 준비합니다.

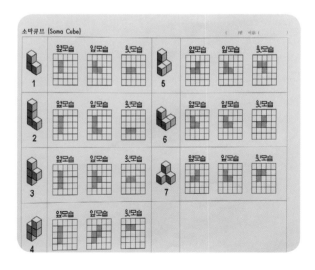

2 다음 그림과 같이 앞, 옆, 위의 방향을 약속하고, 소마 조각 1개를 선택하여 앞, 옆, 위에서 본 모양을 선생님과 함께 그립니다.

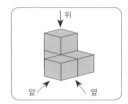

앞

옆

위

3 활동지에 나머지 소마 조각 6개를 앞, 옆, 위에서 바라본 모양을 예측하여 그린 후 실제로 앞, 옆, 위에서 바라보고 그린 모양이 맞는지 확인하도록 합니다.

4 6가지 소마 조각을 앞, 옆, 위에서 본 모양을 바르게 그렸는지 다 함께 확인합니다.

5 소마 조각을 앞, 옆, 위에서 본 모양을 잘 그리면 소마 조각 2가지를 쌓거나 소마 조각에 쌓기나무를 여러 개 쌓아 좀 더 복잡한 모양을 만들어 앞, 옆, 위에서 본 모양을 그리도록 합니다.

 놀이의 팁

● 같은 소마 조각이라도 소마 조각을 어떻게 놓는지에 따라 앞, 옆, 위에서 본 모양이 달라질 수 있습니다. 활동지와 같은 모양이 되도록 소마 조각을 책상 위에 올려놓고 활동하도록 해주세요.

● 쌓기나무를 소마 조각 모양이 되도록 직접 쌓아놓은 후 앞, 옆, 위에서 본 모양을 예측하고 그리고 확인해도 됩니다.

● 처음에 쌓기나무를 쌓은 모양이나 소마 조각을 놓고 실제로 앞, 옆, 위에서 보도록 지도해 주세요. 만약 앞에서 바라본다면 소마 조각이 입체가 아닌 평면으로 보이도록 소마 조각과 눈높이를 똑같이 하도록 합니다. 그러면 앞에서 바라본 모양을 쉽게 찾을 수 있습니다.

● 소마 조각을 앞, 옆, 위에서 본 모양을 예측하여 그리는 것이 어려운 경우 몇 개의 소마 조각을 직접 앞, 옆, 위에서 보고 그리다가 익숙해지면 예측하여 그립니다.

14-03 정육면체 만들기

- **교과 적용 단원** 1학년 1학기 2단원 〈여러 가지 모양〉, 2학년 1학기 2단원 〈여러 가지 도형〉, 2학 년 2학기 6단원 〈규칙 찾기〉, 5학년 1학기 2단원 〈직육면체〉, 6학년 2학기 1단원 〈쌓기나무〉
- **준비물** 소마큐브

×××××××××××××××××××××××××

7가지 소마 조각을 이리저리 돌려서 맞춰 정육면체를 만드는 놀이입니다. 정육면체를 쉽게 만들 수 있을 것 같지만 쌓기나무 1개가 툭 튀어나온 모양이 되어 정육면체를 만들기가 어렵습니다. 이 놀이는 아이들이 많은 시행착오를 겪으면서 과제집착력과 집중력을 기를 수 있고 문제해결력과 입체적 사고를 키우는 데 도움이 됩니다.

놀이 방법

1   소마 조각 7개를 사용하여 쌓기나무가 한 변에 3개씩 놓인 모양인 3×3×3 모양의 정육면체를 만들도록 합니다. 7개의 소마 조각을 배열하여 소마큐브를 만드는 데는 240여 가지의 다른 방법이 있습니다.

2   정육면체를 만든 아이들은 또 다른 방법으로 정육면체를 만듭니다.

3   10분 이상 도전한 후에는 다음 그림을 제시하고 맞춰보도록 합니다. 소마 조각에 적혀 있는 번호는 앞에서 만든 각 소마 조각의 번호입니다. 이를 참고로 정육면체를 만들어보도록 합니다.

 놀이의 팁

- 아이들마다 정육면체를 만드는 속도에 많은 차이가 납니다. 정육면체를 만드는 것도 어려운 퍼즐이라서 어쩌다 금세 맞추기도 하지만, 7개를 모두 맞추고 나면 쌓기나무 1개가 톡 튀어나온 모양이 되는 경우가 많습니다. 포기하지 않고 집중하여 즐겁게 참여하도록 격려해 주세요.

- 소마 조각을 무작정 쌓아서 정육면체를 만들기보다는 각 소마 조각의 모양을 떠올리며 어떻게 맞추면 정육면체를 만들 수 있을지 생각하도록 해주세요. 소마 조각을 이리저리 돌리며 퍼즐을 맞추는 과정을 통해 공간감각능력을 키울 수 있습니다.

- 이 놀이는 고학년뿐 아니라 저학년도 즐겁게 참여합니다. 저학년이라고 만들기 더 어려워하지 않으므로 누구나 즐겁게 참여할 수 있는 놀이입니다.

- 아이들이 정육면체 만들기를 너무 어려워할 경우에는 선생님께서 다음을 참고하여 4~5번째까지 만들고 남은 소마 조각으로 정육면체를 만들도록 해주세요.

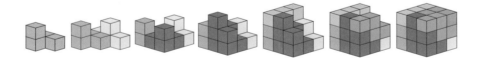

- **교과 적용 단원** 2학년 1학기 2단원 〈여러 가지 도형〉, 2학년 2학기 6단원 〈규칙 찾기〉, 5학년 1 학기 2단원 〈직육면체〉, 6학년 2학기 1단원 〈쌓기나무〉
- **준비물** 소마큐브, 활동지

×××××××××××××××××××××××××

주어진 모양을 보고 소마큐브로 모양을 만들거나, 각자 나만의 모양을 만드는 놀이입니다. 다양한 모양 만들기를 통해 창의력과 상상력을 기를 수 있습니다. 아이들은 주어진 모양을 보고 만드는 것보다 나만의 모양을 만드는 것을 더 좋아하니, 선생님께서 두 가지 활동을 적절하게 제시해 주면 좋습니다.

주어진 모양 만들기

1 각자 소마큐브 1세트와 활동지를 나누어줍니다.

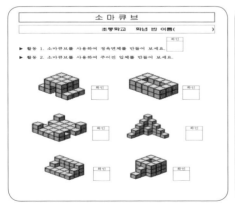 

2 소마 조각 7개 모두를 사용하여 활동지에 있는 여러 가지 모양 중 순서에 상관없이 원하는 모양을 선택하여 만들도록 합니다.

3 모양을 완성하면 선생님께 검사를 받고 또 다른 모양 만들기에 도전합니다.

4 첫 번째 활동지의 모양을 모두 맞추면 두 번째 활동지를 나누어주고 도전하도록 합니다.

나만의 모양 만들기

1 소마 조각 7개를 모두 사용하여 각자 창의적으로 여러 가지 모양을 만들고, 이름을 붙입니다.

2 선생님께서는 아이들이 만든 작품을 사진 촬영해 주세요.

오리

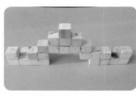
성

거북이

- 소마큐브로 정육면체 모양 이외에 다양한 모양을 만들 수 있습니다. 활동지의 모양을 보고 소마큐브로 만들 때는 보이지 않는 부분이 비어 있을지 채워져 있을지 생각해 보면서 만들 어야 합니다. 아이들이 간혹 보이지 않는 부분의 모양이 어떻게 생겼는지 질문하는데 선생 님이 설명해 주기보다는 아이들이 예상할 수 있도록 해주세요.

- 첫 번째 활동지를 나누어주고 모두 맞추고 나면 다음 활동지를 나누어주세요. 40분 동안 첫 번째 활동지의 모양을 모두 맞추는 아이들은 한 명도 없었습니다. 그만큼 어려운 것이 니 포기하거나 짜증 내지 않고 놀이로 즐길 수 있도록 해주세요.

- 2가지 활동지의 모양을 모두 만들지 않아도 됩니다. 선생님께서 계획하신 수업 시간 동안 자유롭게 몇 가지 모양을 만들도록 하고, 이후에는 쉬는 시간, 점심 시간 등 더 도전해 볼 아이들은 자유롭게 도전하여 만들고 선생님께 검사를 받도록 합니다.

- 주어진 모양을 보고 만드는 것을 너무 어려워하는 아이들에게는 다음과 같은 예를 제시하 고 참고하여 만들도록 해도 좋습니다.

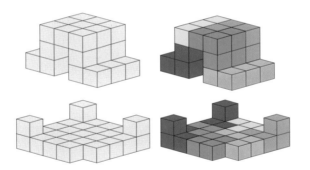

- 아이들이 스스로 창작한 모형은 사진을 찍어서 작품 제목과 함께 교실 뒤 게시판에 게시합 니다. 서로 만든 모양들을 살펴보며 어떻게 만들었는지 상상해 보는 기회가 됩니다.

- 아이들이 한 가지씩 새로운 모양을 만들 때마다 선생님께서 사진을 찍어주세요. 그렇지 않 으면 그 모양을 부수기 아까워서 다른 모양 만들기를 시도하지 않습니다.

● 우리 반의 경우에는 사진을 찍을 때 먼저 작품만 1장을 찍고, 아이와 작품을 동시에 1장 더 찍어서 다음과 같이 게시하였습니다.

15_ 세팍타크로 공 만들기

세팍타크로(Sepaktakraw)란 두 팀이 네트를 사이에 두고 팔이나 손 등을 사용하지 않고 발로 공을 차면서 공을 땅에 떨어뜨리지 않도록 하는 족구와 비슷한 운동 경기입니다. 15~16세기에 머리나 발로 누가 공을 얼마나 많이 튀길 수 있는지 겨루면서 동남아시아에서 시작된 경기입니다. 세팍타크로는 말레이시아어로 '차다'는 뜻의 '세팍'과 타이어로 '공'을 뜻하는 '타크로'의 합성어입니다. 처음에는 등나무로 엮은 공을 사용했는데, 요즘은 특수 플라스틱으로 만든 공을 사용하여 경기를 합니다.

세팍타크로 공은 돗자리를 짜듯이 끈을 얽히고 설켜서 만드는데, 자세히 살펴보면 규칙을 발견할 수 있습니다. 세팍타크로 공은 끈 3개가 겹쳐서 삼각형이 만들어지고, 그 옆에 끈 5개가 겹쳐서 오각형이 만들어집니다. 끈이 겹친 모양을 보면 삼각형의 각 변에 이웃해서 오각형이 있는 걸 볼 수 있습니다.

이 모양은 정십이면체와 정이십면체를 각 모서리의 중점을 지나는 평면으로 잘라내서 만드는 '십이이십면체'와 같은 모양입니다. 십이이십면체는 12개의 정오각형과 20개의 정삼각형으로 만들어진 도형입니다.

이러한 수학적 특징을 가진 세팍타크로 공을 포장끈이나 긴 종이띠를 이용하여 만드는 활동을 하며 도형을 탐구하는 기회를 가질 수 있습니다.

- **교과 적용 단원** 4학년 1학기 3단원 〈각도와 삼각형〉, 4학년 2학기 3단원 〈다각형〉, 6학년 2학기 3단원 〈원기둥, 원뿔, 구〉
- **준비물** 빳빳한 포장끈 6개(각 1cm×22cm), 두꺼운 도화지 6개(각 1cm×22cm), 스테이플러, 종이본드

××××××××××××××××××××××××××××××

족구와 비슷하게 팔이나 손 등을 사용하지 않고 발로 공을 차면서 경기를 하는 세팍타크로에 대한 간략한 설명을 합니다. 이 경기에서 사용하는 공을 살펴본 후 공의 모양에서 찾을 수 있는 수학적 특징을 알아보고, 긴 띠를 이용하여 세팍타크로 공을 만들어보도록 합니다.

놀이 방법

1 끈 1개의 끝을 동그랗게 겹쳐 고리를 만든 후 스테이플러로 찍습니다.
2 끈 2개를 ×자 모양으로 겹쳐놓도록 합니다.

3 ×자 모양으로 겹쳐 놓은 끈 위에 끈 1개를 놓습니다. 동그라미 안의 그림을 잘 보고 겹쳐놓도록 합니다.

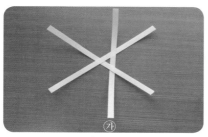 

4 **3**의 끈 중 ㉮에 평행이 되도록 끈 1개를 겹쳐놓도록 합니다.

5 **4**에 끈 1개를 더 겹쳐서 사진과 같이 별 모양이 되도록 합니다. 보기에는 복잡해 보여도 결국 세팍타크로 공에서 오각형 부분을 만든 것입니다.

6 한 손으로 끈을 모아서 오각형이 작아지도록 합니다. 끈이 자꾸 움직여서 불편하다면 가장자리 끈 2개가 겹치는 부분을 클립이나 실핀으로 고정하면 편합니다.

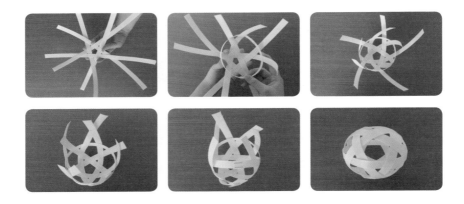

7 오각형 부분에 손가락을 하나씩 끼워 잡고 **1**에서 만든 둥근 고리를 끼웁니다. 이때 테두리의 끈 중 밖으로 나간 끈을 고리의 안쪽에 반드시 끼워야 합니다.

8 안쪽으로 모은 10개의 끈 중 서로 같은 끈을 둥글게 만들어 겹친 후 스테이플러로 찍습니다.

9 이때 앞에서처럼 끈을 겹친 모양에 삼각형이 만들어지는데, 이 삼각형이 골고루 겹치도록 주의하면서 스테이플러로 고정시키면 완성입니다.

TIP **놀이의 팁**

● 빳빳한 포장끈은 일반인들은 사용하지 않고, 대규모로 박스포장할 때만 사용되기 때문에 소량 구매가 어렵습니다. 새 교과서를 배부할 때 교과서를 묶은 노란 포장끈을 잘라두어 활용하면 재활용도 되니 좋습니다.

● 노란 포장끈을 구하기 힘들 때는 두꺼운 도화지와 검은 도화지를 1cm 폭으로 22cm씩 잘라서 1인당 6장씩 나누어주었습니다. 만약 끈을 더 작게 만들거나 더 크게 만들고 싶다면 1:22의 비율로 축소, 또는 확대하면 크기가 알맞습니다.

- 놀이 방법에 따라서 선생님께서 먼저 만들어보신 후 아이들에게 설명해 주세요. 처음 배우는 아이들에게는 어려울 수 있습니다. 천천히 여러 번 이해할 수 있도록 자세하게 설명해 주세요.

- 실물화상기를 통해서 만드는 방법을 천천히 설명하고 겹치는 부분에 대한 원리를 설명합니다. 오각형 부분과 삼각형 부분 모두 끈이 서로 지그재그 형식으로 올라갔다 내려왔다 겹치도록 하면 짜임새 있게 모양을 잘 만들 수 있습니다.

- 아이들에게 만드는 방법을 설명할 때 먼저 실물화상기를 통해서 전체 설명을 하고, 모둠에서 대표로 1명씩 나와서 선생님 설명을 듣고 아이들에게 설명을 전하도록 했습니다. 교실을 다니면서 어려워하는 아이들에게는 개별적으로 설명을 해주면 좋습니다.

- 40분 수업을 하기에는 시간이 조금 부족하고 80분 수업을 하면 여유가 있습니다. 친구들과 서로 도와가며 아이들 모두 세팍타크로 공을 완성할 수 있었습니다.

- 빳빳한 포장끈인 경우에는 스테이플러로 찍거나 강력본드로 붙여야 하지만 두꺼운 도화지와 검은 도화지를 사용할 때는 처음 둥근 고리를 만들 때만 스테이플러로 찍고 나머지는 종이본드로 붙여서 완성하도록 합니다.

- 각자 하나씩 만들 수도 있지만, 다른 사람이 잡아주면 더 쉽게 만들 수 있으므로 짝끼리 서로 도와서 하나씩 만들도록 하면 좋습니다.

- 다음은 1cm 폭의 노란 포장끈을 반으로 자른 후 15cm 길이로 잘라서 완성한 세팍타크로 공입니다. 종이띠로 먼저 만들어보며 원리를 익힌 후 축소해서 만들어보도록 합니다. 열쇠고리로 만들어 가방에 걸어도 좋습니다.

선생님과 아이들 모두가 즐거워지는
수학 수업 만들기
초등 수학 단원별 활용 가능한
61가지 수학 놀이 총정리

놀 이 로   수 학   수 업 이   즐 거 워 진 다 !

Part 4

규칙성

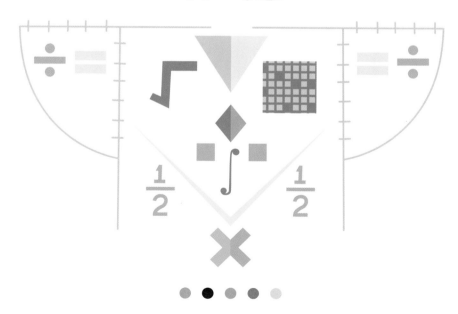

16_ 프랙탈

프랙탈(Fractal)이라는 용어는 프랑스의 수학자인 만델브로트(Mandelbrot)가 1975년 '쪼개다'라는 뜻을 가진 라틴어 'fractus'로부터 만들었습니다.

프랙탈은 '자기유사성'과 '소수 차원'이라는 특징이 있습니다. 자기유사성이란 어떤 도형의 부분이 전체의 도형과 같은 성질을 말합니다. 나무 전체의 모양과 나뭇잎 모양, 큰 나뭇가지의 모양과 작은 나뭇가지의 모양이 서로 닮았지요? 해안선의 모습, 구름의 모습, 꽃양배추라고 불리는 컬리플라워, 창문에 성에가 자라는 모습, 혈관조직, 뇌조직 등도 작은 부분을 확대해 보면 전체 모양과 닮았다는 걸 알 수 있습니다. 이렇게 '자기유사성'의 특징을 갖는 구조를 프랙탈이라고 합니다.

또한 프랙탈에서는 공처럼 구겨진 종이를 구겨진 정도에 따라 2와 3사이의 소수(예를 들어 2.34차원)로 그 차원을 나타낼 수 있습니다. 이와 같이 소수 차원은 거칠은 정도, 불규칙의 정도, 공간을 채우는 정도까지도 나타낼 수 있답니다. 따라서 프랙탈은 소수 차원으로 특정 도형의 넓이, 부피의 측정뿐 아니라 복잡한 형태의 도형까지도 수학적으로 다룰 수 있게 되었습니다.

프랙탈은 초등학생이 이해하기에 어려운 개념일 수 있으나 자기유사성과 소수 차원의 특징을 갖는 구조로서 수학자들이 연구하는 한 분야로 소개하며 수학에 대한 흥미를 갖도록 할 수 있습니다. 또한 프랙탈 도형 그리기와 만들기 활동을 통해 자, 각도기, 컴퍼스 사용법을 반복적으로 익힐 수 있습니다. 정사면체와 정육면체를 활용하여 시어핀스키 삼각형과 맹거스폰지 만드는 활동을 통해 초등학교 수학과 접목하여 지도할 수 있으며 수학의 아름다움도 느낄 수 있습니다.

- **교과 적용 단원** 3학년 2학기 3단원 〈원〉, 4학년 1학기 3단원 〈각도와 삼각형〉, 4학년 2학기 2단원 〈수직과 평행〉, 5학년 2학기 2단원 〈합동과 대칭〉
- **준비물** 흰 도화지, 색도화지, 30cm 자, 컴퍼스, 각도기, 연필, 사인펜, 지우개

✕✕✕✕✕✕✕✕✕✕✕✕✕✕✕✕✕✕✕✕✕✕✕✕✕

자, 각도기, 컴퍼스를 이용하여 프랙탈 도형인 코흐 곡선, 코흐 스노우 플레이크, 시어핀스키 삼각형, 시어핀스키 카펫 등을 직접 그려보는 활동입니다. 프랙탈을 이해하고 체험할 수 있을 뿐 아니라 초등학교 수학의 대표적인 교구인 자, 각도기, 컴퍼스 사용을 익히는 데 많은 도움이 됩니다.

프랙탈 알아보기

1 선생님께서는 칠판에 그린 선과 도화지, 티슈 상자를 아이들에게 보여주면서 몇 차원인지 질문한 후, 구긴 종이는 몇 차원일지 생각하고 발표해 보도록 합니다.

2 구긴 종이는 구겨진 정도에 따라 소수 차원으로 나타낼 수 있으며, 이는 프랙탈의 한 특징임을 소개하고 프랙탈에 대한 설명을 간략하게 합니다.

3 프랙탈 도형인 코흐 곡선, 코흐 스노우 플레이크, 시어핀스키 삼각형, 시어핀스키 카펫을 보여주고 각각 그리는 방법을 설명합니다.

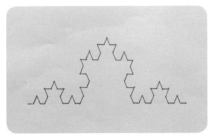

코흐 곡선

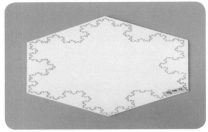

코흐 스노우 플레이크

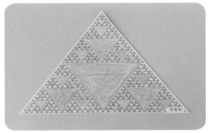

시어핀스키 삼각형

시어핀스키 카펫

놀이 방법

1   코흐 곡선, 코흐 스노우 플레이크, 시어핀스
키 삼각형, 시어핀스키 카펫 중 그리고 싶
은 것을 1가지 택하여 흰 도화지나 색도화
지에 그립니다. 이때 제일 쉬운 코흐 곡선을
선택하려는 경향이 있으므로 다른 것들도
선택하도록 격려합니다.

2   코흐 곡선, 코흐 스노우 플레이크, 시어핀스
키 삼각형, 시어핀스키 카펫 중 선택한 것을

자, 컴퍼스, 각도기를 이용하여 연필로 그립니다.

3   연필로 프랙탈 도형을 그린 후 가는 사인펜으로 연필선 위에 선을 덧그리고 연필선을 지우개로 지웁니다.

4   작품을 완성한 후 친구들의 작품을 감상하고 그리면서 느낀 점을 발표하도록 합니다.

코흐 곡선 그리기

1   자를 이용해서 27cm 길이의 선분을 그리도록 합니다.

2   27cm 길이의 선분을 3등분한 후 가운데 부분에 한 변의 길이가 주어진 선분의 1/3, 즉 9cm인 정삼각형을 그립니다. 정삼각형을 그릴 때는 각도기나 컴퍼스를 이용하도록 합니다.

3   가운데 그린 정삼각형의 밑변을 지웁니다.

4   새로 생긴 각각의 선분에 위의 과정을 반복합니다.

5   위의 과정을 반복하면 할수록 더 복잡하고 아름다운 코흐 곡선이 됩니다.

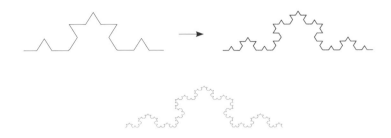

코흐 스노우 플레이크 그리기

1 한 변의 길이가 27cm인 정삼각형을 그리도록 합니다.

2 각 변에 코흐 곡선을 만드는 과정을 반복하도록 합니다.

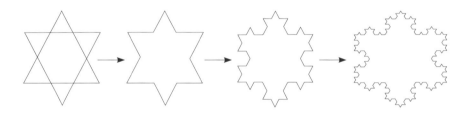

3 위의 과정을 계속해서 반복하면 할수록 더 복잡하고 아름다운 코흐 스노우 플레이크가 됩니다.

● 코흐 스노우 플레이크를 그리기 위해서 정삼각형을 작도할 때는 컴퍼스와 각도기의 올바른 사용법을 지도한 후 그리도록 합니다.

● 코흐 스노우 플레이크를 그릴 때는 정삼각형의 각 변에서 바깥쪽으로 다시 삼각형을 그려 나가야 하므로 처음 삼각형을 그릴 때 위치를 고려하도록 합니다.

시어핀스키 카펫 그리기

1　한 변의 길이가 27cm인 정사각형을 그린 후 각 변을 3등분합니다.

2　마주 보는 변의 3등분한 각각의 점을 연결합니다.

3　새로 생긴 9개의 정사각형 중에서 가운데 사각형에 색칠합니다.

4　색칠하지 않은 나머지 8개의 정사각형 각각에 똑같은 과정을 반복합니다.

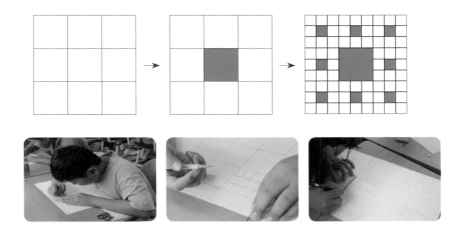

시어핀스키 삼각형 그리기

1   한 변의 길이가 16cm인 정삼각형을 그린 후 각 변의 중점을 연결합니다.

2   4개의 정삼각형 중 가운데 정삼각형에 색칠합니다.

3   색칠하지 않은 삼각형 3개에 똑같은 과정을 반복합니다.

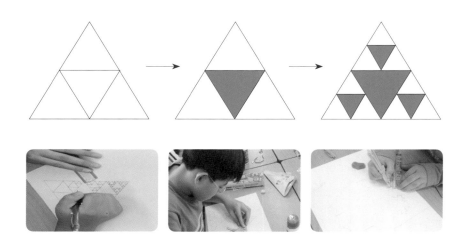

시어핀스키 삼각형 협동 작품 만들기

1   반 전체가 협동하여 시어핀스키 삼각형을 그리는 방법도 있습니다. 프랙탈
    은 전체에서 부분으로 나누어가는 것이기는 하나 함께 협동해서 그릴 때는
    부분을 그린 뒤 모아 붙여서 전체를 완성하는 과정으로 할 수 있습니다.

우리 반의 경우에는 아이들에게 각자 한
변의 길이가 16cm인 정삼각형을 그려서
4단계까지 시어핀스키 삼각형 1개를 완
성하도록 했습니다. 빨리 그렸거나 더 그
리고 싶은 아이들은 자유롭게 여러 개 그

리도록 했는데, 미처 완성하지 못해서 자투리 시간에 완성하기도 하고, 집에 가져가서 정성껏 완성해 오는 아이들이 많아서 다음 날 모아서 협동 작품을 완성했습니다.

2 3명의 작품을 모아서 아래와 같이 정삼각형 모양이 되게 한 후 그 뒤편에 한 변이 15cm인 색종이를 덧대고 약간 부족한 부분은 색종이를 뜯어서 붙이도록 합니다. 27개의 정사각형을 모아서 만든 시어핀스키 삼각형입니다.

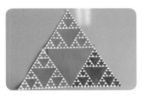  

TIP **놀이의 팁**

● 여러 가지 프랙탈 도형을 직접 그려봄으로써 프랙탈 기하를 좀 더 깊이 이해하는 시간을 가질 수 있습니다.

● 코흐 곡선, 코흐 스노우 플레이크, 시어핀스키 카펫의 처음 선을 27cm로 할 경우 4번째에는 1cm를 3등분해야 합니다. 이때는 약 0.33cm가 되도록 나누어야 하는데 정확히 재기가 어려우므로 자를 사용해 대략 3등분이 되도록 표시합니다.

● 코흐 곡선, 코흐 스노우 플레이크, 시어핀스키 카펫은 선을 계속해서 3등분해야 하므로 처음 시작하는 선의 길이는 3의 배수나 9의 배수인 것이 좋습니다. 놀이 방법에서는 27cm를 제시하였으나, 소수 계산을 할 수 있다면 16.2cm나 24.3cm도 좋습니다. 또한 아이들이 각자 몇 cm로 할 것인지 생각해 보고 선의 길이를 자유롭게 정하도록 해도 됩니다. 선의 길이를 너무 짧거나 너무 길게 하면 그리는 데 어려움이 있으니 10~30cm 사이의 길이로 하는 것이 좋습니다.

● 수학 시간에 자, 각도기, 컴퍼스 사용법이나 합동인 삼각형을 그리는 방법에 대하여 배운

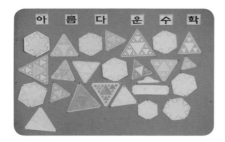
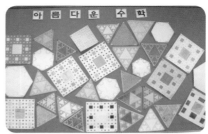

후 프랙탈 도형 그리기 활동을 하면 배운 내용을 응용할 수 있어 아이들의 관심이 클 뿐 아니라 자, 각도기, 컴퍼스의 사용법을 충분히 익힐 수 있어서 효과적입니다.

● 아이들은 정확하게 2등분 또는 3등분하는 것을 어려워합니다. 가능하면 정확하게 그리도록 지도하고, 작은 차이에 너무 스트레스 받지 않도록 합니다.

● 아이들마다 그리는 속도가 저마다 다르므로 각 프랙탈 도형마다 몇 회까지 반복할 것인지는 능력에 따라 각자 자유롭게 정합니다. 다만 최소 3회 이상 반복하도록 합니다.

● 아이들은 신기하고 재미있다는 생각에 프랙탈 도형을 여러 가지 그리려고 욕심을 내나, 우선 자신이 선택한 1가지를 정성껏 그려서 완성한 후 다른 프랙탈 도형을 그릴 수 있도록 지도합니다.

● 프랙탈 도형 그리는 과정을 간단히 설명하고 예시 작품을 칠판에 하나씩 붙여놓을 때, 각 도형의 이름을 함께 적어주어 정확한 명칭을 알도록 해주면 좋습니다.

● 계속 그리면서 지워야 하므로 처음부터 너무 진하게 그리지 않도록 하고 가능하면 샤프나 뾰족하게 깎은 연필을 사용하도록 합니다.

16-02 시어핀스키 피라미드 만들기

- 교과 적용 단원 5학년 2학기 2단원 〈합동과 대칭〉, 6학년 1학기 1단원 〈각기둥과 각뿔〉
- 준비물 머메이드지(두꺼운 종이)에 인쇄한 정사면체 전개도, 가위, 자, 칼, 글루건, 송곳, 양면테이프, 종이테이프(아이보리색)

××××××××××××××××××××××××××

시어핀스키 삼각형이 정삼각형을 쪼개어 나타낸 프랙탈 도형이라면 시어핀스키 피라미드는 입체도형인 정사면체를 쪼개어 나타낸 프랙탈 도형이라고 할 수 있습니다. 삼각뿔을 학습하고, 삼각뿔의 하나인 정사면체를 활용하여 프랙탈 도형을 만들어보세요.

놀이 방법

1   자와 칼, 또는 가위를 이용해 정사면체 전개도를 자릅니다.
2   정사면체 전개도의 점선에 자를 대고 송곳으로 살짝 그어 종이가 잘 접힐 수 있도록 자국을 내주도록 합니다. 이때 찢어지지 않게 조심합니다.
3   정사면체 전개도의 점선을 따라 접습니다.

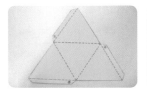  

4   정사면체의 면과 면을 연결해 주는 부분에 양면테이프를 붙여 정사면체를 완성합니다.

 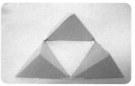 

5 정사면체 3개를 연결하여 위와 같이 정삼각형이 되도록 놓고, 각 꼭짓점을 종이테이프(2cm 정도)로 붙여 연결합니다.

6 연결한 3개의 정사면체 위에 또 다른 정사면체 하나를 사진과 같이 올려놓고 꼭짓점을 종이테이프로 연결합니다. 이때 종이테이프를 연결한 부분에 글루건을 이용하면 튼튼하게 잘 붙습니다. 드디어 1단계 시어핀스키 피라미드가 완성되었습니다. 정사면체는 모두 4개가 필요합니다.

7 이제 1단계 피라미드를 4개 준비합니다. 정사면체는 모두 16개가 필요합니다.

8 1단계 피라미드를 3개 배열하고 나머지 1개를 꼭대기에 올립니다. 2단계 피라미드가 완성되었습니다.

9 2단계 피라미드를 4개 만들어서 사진과 같이 3단계 피라미드를 완성합니다. 정사면체는 모두 64개가 필요합니다.

10 3단계 피라미드 4개를 만들어 4단계 피라미드를 완성합니다. 정사면체는 모두 256개가 필요합니다.

- 정사면체는 머메이드지 같은 두꺼운 종이에 인쇄하여 사용하면 좀 더 튼튼하게 만들 수 있습니다. 두꺼운 종이는 컴퓨터 프린터보다 복사기로 인쇄하는 것이 좋습니다

- 정사면체 전개도를 접어 면과 면을 연결해 주는 부분을 붙일 때 딱풀이나 종이본드를 사용하면 마르는 데 시간이 걸리니 양면테이프로 정확하게 한 번에 붙여주면 시간을 절약할 수 있습니다.

- 4단계 시어핀스키 피라미드를 만들기 위해서는 정사면체가 256개 필요합니다. 아이들 20명이 약 160분 걸려 완성하였습니다. 5명씩 1모둠이 되어서 각 모둠별로 3단계 피라미드를 1개씩 만들도록 했습니다.

- 아이들의 수와 시간을 고려하여 모둠별로 2단계 또는 3단계 피라미드를 1개씩 만들도록 하고, 먼저 완성한 아이들이 다른 모둠을 돕거나 다음 단계 피라미드가 되도록 연결하는 일을 돕습니다.

- 모둠별로 만들 때 각자 정사면체 1개를 혼자서 완성해도 되지만, 만드는 과정에 필요한 작업을 분업하면 더 빨리 완성할 수 있습니다. 아이들은 전개도 자르기, 접기, 붙이기의 과정을 서로 나누어서 합니다.

- 정사면체의 각 꼭짓점은 종이테이프만으로는 잘 붙지 않으나 종이테이프를 붙인 오목한 부분에 글루건을 이용하면 단단하게 잘 붙습니다. 종이테이프가 지저분해 보일까봐 걱정되지만 완성하고 나면 괜찮습니다.

- **교과 적용 단원** 4학년 2학기 2단원 〈수직과 평행〉, 5학년 1학기 2단원 〈직육면체〉, 5학년 2학기 2단원 〈합동과 대칭〉, 6학년 1학기 1단원 〈각기둥과 각뿔〉
- **준비물** 200mL 우유갑 450개 정도(물에 여러 번 씻어서 잘 말려두기), 자, 가위, 네임펜, 투명 테이프

✕✕✕✕✕✕✕✕✕✕✕✕✕✕✕✕✕✕✕✕✕✕✕✕✕✕✕✕

시어핀스키 카펫은 정사각형의 한 변을 3등분한 후 가운데 있는 정사 각형에 색칠하는 과정을 반복하는 프랙탈 도형입니다. 정사각형 대신 정육면체의 한 변을 3등분하여 27개의 정육면체로 나눈 후 각 면의 가 운데 있는 정사각형들과 정육면체의 중앙에 있는 정육면체를 빼내는 과정을 반복하여 맹거스폰지를 만들 수 있습니다.

놀이 방법

1   우유갑을 정육면체가 되도록 만들어야 합니다. 먼저 우유갑의 접혀진 선을 따라서 잘라냅니다.

2   정사각형 모양인 우유갑의 밑면을 기준으로 정육면체가 되도록 만들기 위 해서 밑면의 한 변의 길이를 잽니다. 그리고 그 길이만큼 우유갑을 세워놓

고 4개의 모서리에 네임펜으로 높이를 살짝 표시합니다.

3 각 모서리에 표시한 부분까지 가위로 자릅니다.

4 표시한 부분에서부터 위에 남아 있는 부분을 정확하게 직선이 되도록 접습니다. 이때 접은 부분이 사진과 같은 방향이 되도록 합니다.

5 두 개의 우유갑을 아래와 같이 맞춰서 돌려 끼웁니다.

6 위와 같은 모양의 우유갑을 4쌍 만든 후 가운데가 빈 정사각형 모양으로 배열하고 투명테이프로 붙입니다.

7　각 꼭짓점 쪽 우유갑 위에 우유갑 4개를 올려놓고 투명테이프로 붙입니다.

8　그 위에 **6**과 같이 우유갑 4쌍으로 만든 정사각형을 하나 더 만들어 올려놓고 투명테이프를 붙이도록 합니다. 1단계 맹거스폰지는 우유갑 20개로 완성했습니다.

9　1단계 맹거스폰지 20개를 만듭니다.

10　1단계 맹거스폰지 20개로 앞의 순서에 따라 2단계 맹거스폰지를 만듭니다. 2단계 맹거스폰지는 우유갑 400개로 완성했습니다.

TIP　놀이의 팁

- 2단계 맹거스폰지를 만들기 위해서 한 달 동안 우유갑을 모았습니다. 매일 우유를 마시고 난 후 물로 여러 번 헹군 다음 말린 후에 큰 비닐봉지에 담아 보관했습니다.

- 혼자서 우유갑을 잘라 정육면체를 만들 수도 있지만, 모둠 친구들과 함께 분업하여 만들어

도 좋습니다. 아이들은 서로의 능력을 고려하여 우유갑 자르기, 자로 길이를 표시하기, 직선으로 접기 등의 과정을 나눠서 하는 경우가 많습니다.

● 우유갑 2개를 연결할 때는 서로 접은 면을 대고 맞춰 돌려서 연결하고, 이후에는 투명테이프를 붙여 연결했습니다.

● 우유갑을 정육면체로 만들기 위해서 처음에는 위의 남은 부분을 투명테이프로 붙이도록 하였는데, 이 방법보다는 놀이 방법 5처럼 접어서 돌려 끼우는 것이 좋습니다.

● 우유갑들은 딱 맞게 연결이 되어야 하므로 투명테이프로 연결할 때 서로 도와서 붙이도록 합니다.

- 5개의 모둠이 맹거스폰지를 만들 경우 각 모둠별로 1단계 맹거스폰지를 4개씩 만든 후 2단계 맹거스폰지를 만들기 위해서 합체하는 것은 모든 모둠이 도와서 하도록 합니다.

- 2단계 맹거스폰지까지 만드는 데 160분 정도 걸립니다. 80분씩 2번에 걸쳐 만들어도 되고, 160분 연속으로 만들어도 됩니다.

- 2단계 맹거스폰지 완성한 후 아이들은 3단계 맹거스폰지도 만들고 싶어 합니다. 3단계 맹거스폰지를 만들기 위해서 필요한 우유갑의 수를 생각해 보고, 그 우유갑을 모으는 데 필요한 시간을 생각해 보도록 했습니다. 2단계 맹거스폰지를 만들기 위해서 우유갑이 400개 필요하므로 3단계 맹거스폰지를 만들기 위해서는 400×20=8000, 8000개가 필요합니다. 우리 반 아이들 수가 25명이라면 8000÷25=320, 320일 동안 우유갑을 모아야 합니다. 그래서 계산해 보는 것으로 만족했습니다.

- **교과 적용 단원** 4학년 2학기 2단원 〈수직과 평행〉, 5학년 2학기 2단원 〈합동과 대칭〉
- **준비물** 색종이, 16절지 색도화지, 가위, 풀

××××××××××××××××××××××××××××××

규칙에 따라 색종이를 자르고 접는 과정을 여러 번 반복하여 시어핀스키 삼각형을 활용한 입체 카드를 만들 수 있습니다. 감사와 사랑의 마음을 담은 카드를 만들 때 활용해 보면 어떨까요?

놀이 방법

1 색종이를 다음과 같이 반으로 접습니다. 긴 쪽을 중심으로 다시 반으로 접는데 이때 모두 접지 말고 막혀 있는 쪽에서부터 반만 접어 자국을 내도록 합니다.(점선 참고).

 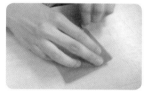

2 접은 부분을 가위로 자르도록 합니다. 자른 부분의 왼쪽 부분을 반을 접어 올리도록 합니다.

3 왼쪽 부분을 펴서 안으로 접어 올립니다. 안으로 접어 올린 부분을 펴면 위와 같은 그림 모양이 됩니다. 1단계가 완성되었습니다. 이 방법을 반복해서 모양을 만듭니다.

4 새롭게 생긴 두 선을 아래와 같이 접어서 선의 중심에서 높이의 반만큼 자릅니다.

5 위에서 자른 선의 각각의 왼쪽 부분을 접어 올립니다.

6 위에서 접어 올린 부분들을 펴서 다시 안쪽으로 접어 올립니다. 2단계가 완성되었습니다.

7　새롭게 생긴 네 개의 선을 **1, 2**와 같이 접어서 선의 중심에서 높이의 반만큼 자른 후 각각 자른 선의 왼쪽 부분을 접어 올리도록 합니다.

8　접어 올린 부분들을 펴서 다시 안쪽으로 접어 올리도록 합니다. 3단계가 완성되었습니다.

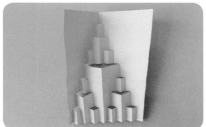

9 이제 새롭게 8개의 선이 생겼죠? 위의 과정을 반복하도록 하세요. 한 번 반복하면 4단계, 두 번 반복하면 5단계가 됩니다.

10 색도화지를 반으로 접은 후 아래와 같이 색종이가 색도화지의 접은 선을 중심으로 접혔다가 펴질 수 있게 붙이도록 합니다. 접은 색종이를 펴지 말고 한 면에 풀칠을 하여 색도화지에 붙인 후, 색종이의 다른 면에 풀칠을 하고 색도화지를 접으면서 붙이도록 합니다. 프랙탈 카드가 완성되었습니다.

 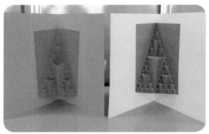

TIP 놀이의 팁

● 색종이로 접고 자르는 방법을 안내했으나 색종이 이외에 더 크거나 작은 종이여도 괜찮습니다.

● 선생님께서는 놀이 방법 1에서 반으로 접을 때 반까지만 접는 선을 내는 것을 아이들에게

실물화상기를 통해서 시범을 보여주세요. 이 부분을 잘 이해하지 못하는 아이들이 많습니다.

- 놀이 방법 2에서 정확하게 반을 잘라야 하지만 조금 더 잘라도 괜찮습니다. 다만, 지나치게 많이 자르지 않도록 합니다.

- 단계를 반복할수록 접기가 어려워집니다. 각자 원하는 만큼만 반복하도록 해주세요. 종이가 작을 때는 3단계까지만 해도 되고, 종이가 색종이보다 크다면 5~6단계까지 해도 됩니다.

- 아이들은 단계를 반복하여 자르고 접으면서 어떤 모양이 되는지 궁금해 합니다. 살짝 펴서 어떤 모양인지 관찰하고 다시 단계를 반복해도 됩니다.

- 덧붙이는 색도화지의 크기는 내용을 쓸 수 있도록 여백이 있어야 하므로 색종이보다 큰 종이가 좋습니다. 색도화지 대신 색A4를 사용해도 좋습니다.

- 다음과 같이 별 스티커를 붙여 크리스마스 카드를 만들 수 있습니다.

17_ 테셀레이션

'테셀레이션(Tesselation)'이란 마루나 욕실 바닥, 보도블록, 조각보와 같이 평면이나 공간을 어떤 틈이나 포개짐 없이 도형으로 완벽하게 덮는 것을 말합니다. 테셀레이션은 '4'를 뜻하는 그리스어 '테세레스(tesseres)'에서 유래되었는데, 이 단어는 고대 로마에서 모자이크에 사용되었던 작은 정사각형 모양의 돌이나 타일을 의미합니다.

테셀레이션은 '타일 깔기', '모자이크'와 같은 뜻이기도 합니다. 테셀레이션은 이슬람의 벽걸이 융단, 퀼트, 옷, 깔개, 타일, 아라베스크에서 찾아볼 수 있습니다. 테셀레이션으로 유명한 곳은 스페인의 그라나다에 위치한 이슬람식 건축물인 알람브라 궁전입니다. 이곳은 대리석 타일로 장식된 아름다운 방과 아라베스크 무늬로 가득 찬 천장과 벽면이 모두 테셀레이션으로 장식되어 있습니다.

테셀레이션은 우리나라의 전통 문양에서도 찾아볼 수 있습니다. 단청, 문살, 조각보 등의 문양 속에서도 테셀레이션을 발견할 수 있습니다.

정다각형으로 테셀레이션을 하거나 기본 도형을 변형하여 테셀레이션을 하는 활동을 통해 도형의 성질을 이해하고 도형의 이동을 경험하며 공간감각능력뿐 아니라 수학적 창의성을 키울 수 있습니다.

17-01 정다각형으로 테셀레이션하기

- **교과 적용 단원** 1학년 2학기 6단원 〈규칙 찾기〉, 2학년 1학기 2단원 〈여러 가지 도형〉, 2학년 2학기 6단원 〈규칙 찾기〉, 3학년 1학기 2단원 〈평면도형〉, 4학년 1학기 3단원 〈각도와 삼각형〉, 4학년 2학기 3단원 〈다각형〉, 5학년 2학기 2단원 〈합동과 대칭〉
- **준비물** 정다각형 인쇄 자료, 모눈종이(A4 크기), 자, 연필, 지우개, 색종이, 가위, 풀, 정다각형 교구(패턴블록 또는 자석 교구)

✕✕✕✕✕✕✕✕✕✕✕✕✕✕✕✕✕✕✕✕✕✕✕✕✕✕

여러 가지 테셀레이션 관련 사진이나 작품을 보여주고 특징을 찾은 후 '테셀레이션'의 의미를 알아보고, 정다각형 1가지 또는 2가지 이상을 선택하여 테셀레이션 작품을 직접 만들어보는 활동을 해보도록 합니다.

테셀레이션 알아보기

1 아이들에게 욕실 바닥, 보도블록, 단청 등 생활 속에서 볼 수 있는 테셀레이션 사진을 보여주고 공통점을 찾아보도록 합니다. 하나 또는 여러 가지 모양을 규칙에 따라 빈틈없이 늘어놓아 면을 덮고 있다는 공통점이 있음을 확인할 수 있습니다.

2 네델란드 화가 에셔(M. C. Escher)의 작품을 보여줍니다(www.mcescher.com 참고). 에셔는 네델란드의 화가로 테셀레이션의 아름다움을 예술적으로 더욱 돋보이게 만드는 작품 활동을 했습니다. 그는 무어인(Moors)들의 모자이크에서 영감을 받아 단순한 기하학적 무늬에서 수학적 변환을 이용하여 새

로운 형태(새, 물고기, 도마뱀, 개, 나비, 사람 등)를 만들어 아름답고 멋진 테셀레
이션 작품을 만들었습니다.

3 학생들의 테셀레이션 작품을 보여줍니다(http://mathforum.org/alejandre/
students.tess.html 참고, 이 사이트에서 미국의 초등학생부터 고등학생들이 만든 테셀
레이션 작품을 볼 수 있습니다).

4 에셔와 학생들의 테셀레이션 작품을 감상할 때는 기본 모양이 무엇일지 생
각해 보면서 감상하도록 합니다.

놀이 방법

1 정다각형 인쇄 자료를 나누어줍니다.

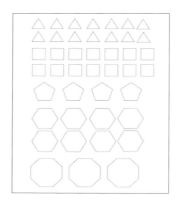

2 정삼각형, 정사각형, 정오각형, 정육각형, 정팔각형 중에서 1가지 도형을 선
택하여 테셀레이션을 만들려고 합니다. 5가지 정다각형 중 한 가지 도형만
을 이용하여 평면을 빈틈없이 덮어 테셀레이션을 만들 수 있는 정다각형은
무엇일지 생각해 보고 이야기를 나누도록 합니다.

3 정다각형 교구를 준비할 수 있다면 정다각형 교구로 직접 면을 덮어보며 테

셀레이션을 만들 수 있는 다각형을 찾아봅니다. 쉽게 구할 수 있는 교구로는 패턴블록이 있습니다.

4 평면을 빈틈없이 덮으려면 한 점에 모인 각의 합이 360°가 되어야 하므로 테셀레이션을 만들 수 있는 정다각형은 정삼각형, 정사각형, 정육각형입니다. 정삼각형은 한 각의 크기가 60°이므로 6개가 모여 360°가 되고, 정사각형은 한 각의 크기가 90°이므로 4개가 모여 360°가 됩니다. 또, 정육각형은 한 각의 크기가 120°이므로 3개가 모여 360°가 되지만, 이외의 다른 정다각형은 몇 개를 모아도 360°가 될 수 없어 아쉽게도 테셀레이션을 만들 수가 없습니다.

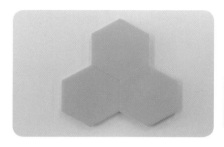
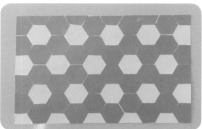

5 정다각형 중에서 2가지 이상의 도형을 선택하여 테셀레이션을 만들 수 있는 경우를 생각해 봅니다. 선생님께서 몇 가지 예시 작품을 보여주고 어떻게 2가지 이상의 정다각형을 조합하여 테셀레이션할 수 있는지 찾아보도록 합니다. 한 점에 모이는 각의 합이 $360°$가 되어야 테셀레이션을 만들 수 있다는 것을 생각하며 작품을 관찰합니다.

6 2가지 이상 정다각형을 이용하여 테셀레이션 만드는 몇 가지 예입니다.

- 예 1 : 한 점을 중심으로 정삼각형 3개와 정사각형 2개를 놓으면 $60° × 3+90°×2=360°$가 됩니다.
- 예 2 : 한 점을 중심으로 정팔각형 2개와 정사각형 1개를 놓으면 $135° × 2+90°=360°$가 됩니다.

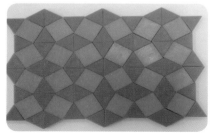

예시 1

예시 2

• 예 3 : 정삼각형 1개, 정사각형 2개, 정육각형 1개를 한 점을 중심으로 놓
으면 60°+90°×2+120°=360°가 됩니다.

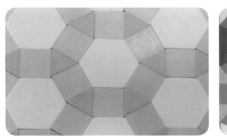 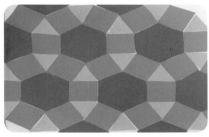

예시 3

• 예 4 : 정삼각형 2개와 정육각형 2개를 한 점을 중심으로 놓으면 60°×
2+120°×2=360°가 됩니다.

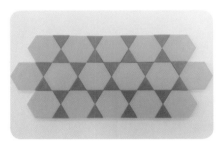 

예시4

7 각자 정다각형 중 1가지 또는 2가지를 선택합니다.

8 선택한 도형을 몇 개 오려서 어떻게 배치할 것인지 계획을 세우도록 합
니다. 이때 전체적인 모양과 색상도 함께 생각합니다.

9 작품 구상이 끝나면 색종이를 4겹이 되도록 접은 후 도형 자료를 대고 필요
한 개수만큼 오립니다.

10 모눈종이에 도형을 붙여서 테셀레이션을 만듭니다. 모눈종이의 가운데 부분부터 시작해서 좌우, 위아래로 넓혀나가도록 하는 것이 공간을 적절히 활용하는 데 더 효과적입니다.

11 아이들이 작품을 완성하면 자를 대고 칼로 작품을 직사각형 모양으로 잘라서 작품을 마무리합니다.

 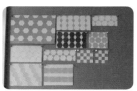 

TIP 놀이의 팁

- A4 크기나 8절지를 2등분한 크기가 80분 동안 만들기에 적당합니다. 이 정도 크기에도 충분히 원하는 작품을 표현할 수 있고, 시간을 절약할 수 있습니다.

- 정삼각형, 정사각형, 정육각형 3가지 정다각형을 사용하여 테셀레이션을 하기 위해서 정삼각형 격자를 사용하면 편리합니다. 정삼각형 격자를 색종이에 붙인 후 선대로 오리면 정삼각형이 되고, 오른쪽과 같이 오리면 정육각형이 됩니다.

- 도형을 하나씩 자르면 시간이 걸리므로 색종이를 사각 접기하여 4장(더 많이 겹치면 잘 잘리지 않아요.)을 겹친 후 맨 위에 오리고자 하는 정다각형을 하나 붙이고 오리면 시간을 절약할 수 있습니다.

- 모눈종이의 가로선과 세로선을 적당히 활용하여 정다각형을 가지런히 붙일 수 있습니다. 작품을 만든 후 직사각형이 되도록 가장자리를 자르면 모눈종이의 선이 보이지 않습니다.

- 모눈종이의 전체 면에 정다각형을 붙여 테셀레이션을 완성하도록 하나, 시간이 부족하거나 아이들이 힘들어 할 경우에는 할 수 있는 데까지 붙인 후 테두리를 직사각형 모양으로 오려서 작품을 마무리합니다. 이럴 경우 모든 작품의 크기가 제각각이나 괜찮습니다. 그 나름대로 테셀레이션을 경험하고 수학의 아름다움을 느끼는 것에 만족해도 좋습니다.

- 책갈피 크기의 종이에 색종이를 붙여서 테셀레이션 책갈피를 만들 수 있습니다. 이때는 책갈피 도안을 따로 마련하고 테셀레이션한 작품을 도안의 크기에 맞게 오려서 붙입니다.

- 정다각형이 아닌 삼각형이나 사각형으로도 테셀레이션을 할 수 있습니다. 삼각형의 세 각의 크기의 합은 180도이므로 2가지 색을 선택하여 합동인 삼각형을 오린 후 삼각형 6개를 아래와 같이 모아 붙여서 테셀레이션을 할 수 있습니다. 또는 평행사변형과 정삼각형을 이용해 테셀레이션을 할 수 있습니다.

17-02 기본 도형을 변형해 테셀레이션하기

- **교과 적용 단원** 1학년 2학기 6단원 〈규칙 찾기〉, 2학년 1학기 2단원 〈여러 가지 도형〉, 2학년 2학기 6단원 〈규칙 찾기〉, 3학년 1학기 2단원 〈평면도형〉, 4학년 1학기 3단원 〈각도와 삼각형〉, 4학년 2학기 3단원 〈다각형〉, 5학년 2학기 2단원 〈합동과 대칭〉
- **준비물** 정다각형 인쇄 자료, 두꺼운 종이, 30cm 자, 컴퍼스, 각도기, 연필, 지우개, 가위, 풀, 색연필, 사인펜, 흰색 A4, 투명테이프

××××××××××××××××××××××××××××

정다각형 또는 정다각형이 아닌 삼각형이나 사각형을 기본 도형으로 하고, 기본 도형을 변형한 모양으로 나만의 테셀레이션 작품을 만들 수 있습니다.

기본 도형 변형하기

1 선생님께서는 아이들에게 테셀매니아(Tssmania) 프로그램으로 여러 가지 테셀레이션 작품을 만드는 과정을 보여주도록 합니다. 아름답고 창의적인 테셀레이션을 손쉽게 할 수 있습니다.

2 테셀매니아에 샘플로 들어 있는 작품들을 이용하여 기본으로 사용하는 도형이 무엇인지, 그 도형은 어떤 과정을 통해 만들어졌는지 보여주도록 합니다. 이때 전체적인 작품을 먼저 보여주고, 기본 모양 하나를 보여준 후 기본 모양이 만들어지는 과정을 보여줍니다. 기본 모양이 만들어지는 과정이 애니메이션으로 실행되어 아이들이 쉽게 이해할 수 있습니다.

3 기본 도형을 변형하는 예를 살펴봅니다. 다음은 정사각형을 변형하는 예입니다. 먼저 아랫변을 바꾸어 그린 후 그린 선을 마주 보는 변으로 평행이동시킵니다. 즉 윗변에 아랫변과 똑같은 모양을 그립니다. 또 왼쪽 변을 바꾸어 그린 후 그린 선을 오른쪽 변으로 평행이동시킵니다. 정사각형이 변이 여러 개 있는 뾰족뾰족한 도형으로 바뀌었습니다.

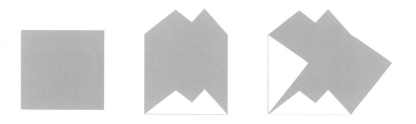

4 위의 도형을 이용해서 다음과 같이 테셀레이션을 할 수 있습니다.

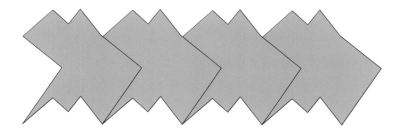

5 에셔가 도마뱀을 어떻게 만들었는지 살펴봅니다. 작품에서 기본 도형을 찾아봅니다. 기본 도형은 정육각형입니다.

 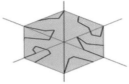 

6 정육각형 안에 위와 같이 선을 그립니다. 각 부분을 화살표 방향으로 회전
   하여 이어 그려 도마뱀을 만듭니다. 이렇게 만든 도마뱀의 머리를 3개씩 마
   주 대어 테셀레이션을 완성한 것입니다.

놀이 방법

1 정삼각형, 정사각형, 정육각형 또는 삼각형, 사
   각형 중 한 가지를 기본형으로 선택합니다.

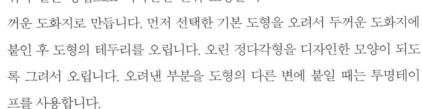

2 기본 도형을 변형하여 디자인하도록 합니다.

3 위와 같은 방법으로 디자인한 단위 모양을 두
   꺼운 도화지로 만듭니다. 먼저 선택한 기본 도형을 오려서 두꺼운 도화지에
   붙인 후 도형의 테두리를 오립니다. 오린 정다각형을 디자인한 모양이 되도
   록 그려서 오립니다. 오려낸 부분을 도형의 다른 변에 붙일 때는 투명테이
   프를 사용합니다.

 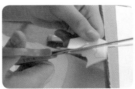 

4 아래 그림은 단위 모양의 예입니다.

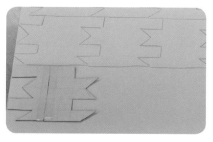 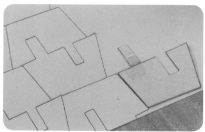

5 단위 모양을 A4에 대고 테두리를 그립니다.

6 단위 모양을 움직이면서(옆으로 밀거나 돌리거나 뒤집거나) 빈틈없이 테두리를 그립니다.

7 각 단위 모양을 규칙적으로 색칠하고 그리고 싶은 모양을 그려넣어 테셀레이션을 완성하고 작품의 제목을 정합니다.

TIP 놀이의 팁

- 선생님께서는 수업 시간에 컴퓨터로 테셀매니아를 실행시켜 기본 도형을 변형하여 여러 가지 테셀레이션 작품이 만들어지는 과정을 설명하시면 간편하지만, 컴퓨터실에 가서 컴퓨터를 사용할 수 있다면 아이들이 각자 테셀매니아를 직접 실행해 보면서 자유롭게 테셀레이션을 관찰해 보도록 합니다. 또한, 테셀레이션 작품을 직접 작도하여 만들어보는 것도 가능합니다.

- 에서의 〈도마뱀〉을 응용하여 도마뱀 조각을 직접 만들어 테셀레이션을 해보는 것도 좋습니다. 시중에는 〈도마뱀〉을 응용하여 테셀레이션을 할 수 있는 제품들을 판매하기도 합니다. 이를 구입하여 테셀레이션을 경험해 보게 할 수도 있습니다.

- 아이들이 기본 도형을 어떻게 변형하여 디자인할 것인지 충분히 고민하는 시간을 주도록 합니다. 정다각형 인쇄자료를 주고 이를 참고하여 디자인해 보도록 하면 좋습니다.

- 두꺼운 도화지 대신 검은 도화지를 사용해도 됩니다.

- 단위 모양은 종이의 왼쪽 위에서부터 대고 그립니다. A4 크기의 종이에 해도 되고 8절지

도화지에 그려도 됩니다. 색종이로 정다각형을 오려서 만드는 것보다는 시간이 적게 걸리므로 8절지 도화지도 괜찮습니다. 혹시 시간이 부족해서 완성하지 못한 부분은 반듯하게 오려내면 됩니다.

- 단위 모양을 움직여 테셀레이션을 한 후 단위 모양 위에 그림을 그릴 때 단위 모양마다 같은 그림을 그리지 않아도 됩니다. 우리 반 아이들은 오른쪽과 같이 다양한 얼굴 표정을 그려 넣어 작품을 완성하기도 했습니다.

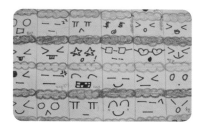

18_ 라인디자인

라인디자인(Line designs)이란 선 위에 규칙적으로 점을 찍고 점과 점을 일정한 규칙에 따라 직선으로 이어 그려서 곡선처럼 보이도록 하는 활동을 말합니다. 직선들이 서로 만나는 부분이 곡선처럼 보이는 착시현상을 이용해서 다양한 디자인을 만들 수 있습니다.

자와 펜을 이용해서 종이 위에 직선을 그려서 디자인할 수도 있지만, 실과 바늘을 이용해서 종이에 실을 꿰어 디자인을 할 수도 있습니다. 실, 바늘, 종이를 이용해서 디자인하는 것을 스트링 아트(String Arts)라고 합니다. 스트링 아트는 1904년 영국 사람인 메리 에베레스트 불(Mary Everest Boole)이 발명한 커브 스티치(Curve stitch)에서 유래되었는데, 메리 에베레스트 불은 실과 종이를 이용해서 커브 스티치를 했습니다.

종이 위에 선분을 그리고 선분 위에 일정한 간격으로 점을 찍고 자신이 정한 규칙에 따라 점을 연결하면 멋진 라인디자인을 완성할 수 있습니다. 정삼각형, 정사각형 등 정다각형과 원을 이용하여 라인디자인을 할 수도 있고 도형을 등분하여 등분한 부분에 각각 라인디자인을 해서 작품을 완성할 수도 있습니다. 아이들에게 라인디자인의 아름다움을 경험하도록 해주세요.

- **교과 적용 단원** 3학년 1학기 2단원 〈평면도형〉, 4학년 2학기 6단원 〈규칙과 대응〉, 6학년 2학기 6단원 〈여러 가지 문제〉
- **준비물** 여러 가지 정다각형 도안, 자, 연필, 지우개, 색볼펜, 사인펜

✕✕✕✕✕✕✕✕✕✕✕✕✕✕✕✕✕✕✕✕✕✕✕✕✕✕

2개의 선분 위에 규칙적으로 점을 찍고 서로 다른 선분 위에 있는 점을 일정한 규칙에 따라 직선으로 이어 그려서 라인디자인을 할 수 있습니다. 기본적인 방법을 익힌 후 정삼각형, 정사각형, 정오각형, 정육각형 등 여러 가지 도형을 이용하여 멋진 라인디자인을 해보세요.

라인디자인 알아보기

1. 선생님께서는 라인디자인 작품을 보여주고 어떤 특징이 있는지 관찰하도록 합니다. 곡선으로 보이지만 직선만으로 그린 그림이라는 것을 설명합니다.

2. 라인디자인을 하는 기본 방법에는 2개의 선분 긋기, 각 선분을 같은 수로 등분하여 점 찍기, 각 점을 연결하는 선분 긋기가 있습니다.

3. 선생님의 설명에 따라 다음의 간단한 라인디자인을 해보며, 직선이 곡선으로 보이는 착시효과를 직접 체험해 보도록 합니다.

4. 먼저 길이가 5cm인 선분을 2개 긋습니다. 이때 선분의 끝이 서로 연결되도록 긋습니다.

5. 각 변을 10등분하여 점을 10개 찍고, 각 점에 다음과 같이 번호를 적습니다. 10등분하면 점의 간격은 0.5cm가 됩니다.

 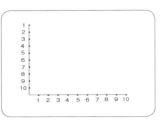

6   자를 이용하여 각 변의 1번 점을 곧게 잇습니다.

7   이번에는 자를 이용하여 각 변의 2번 점을 곧게 잇습니다.

8   자를 이용하여 나머지 3번~10번 점도 곧게 잇습니다.

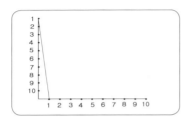 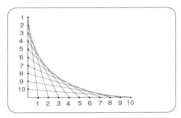

정사각형을 이용한 라인디자인하기

1   정사각형을 이용한 3가지 라인디자인 방법을 안내합니다.

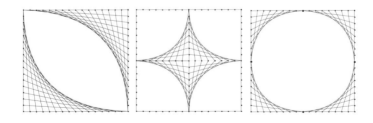

2   3가지 방법 중 원하는 방법을 1가지 선택하거나 참고하여 나만의 방법을

생각하도록 합니다.

3   선택한 규칙에 따라 자와 색볼펜 또는 사인펜으로 정사각형을 이용하여 라인디자인을 합니다.

4   정사각형으로 라인디자인을 완성한 아이들은 정사각형을 이용해서 다른 라인디자인을 하거나, 정삼각형, 정오각형, 정육각형 중 한 가지를 선택하여 나만의 규칙을 정해 라인디자인을 해보도록 합니다.

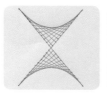  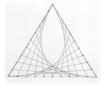

5   친구들의 작품을 감상하며 어떤 규칙에 따라 라인디자인을 했는지 찾아보도록 합니다.

정사각형으로 라인디자인하기 1

1   각 변이 8cm인 정사각형을 그리고 각 변을 16등분한 후 점을 찍습니다.
2   먼저 왼쪽 변과 아랫변에 있는 점들을 잇습니다.

 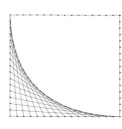 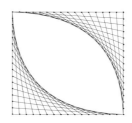

3 이제 나머지 두 변에 있는 점들을 잇습니다.

정사각형으로 라인디자인하기 2

1 각 변이 8cm인 정사각형을 그리고 각 변을 16등분한 후 점을 찍습니다. 또
는 각 변을 원하는 같은 수로 등분해도 됩니다. 이때 각 변을 등분한 수는
짝수가 되어야 합니다.

2 각 변의 중점을 좀 더 진하게 표시합니다.

3 왼쪽 변의 아래 점들과 아랫변의 왼쪽 점들을 잇습니다.

4 왼쪽 변의 위의 점들과 윗변의 왼쪽 점들을 잇습니다.

5 윗변의 오른쪽 점들과 오른쪽 변의 위의 점들을 잇습니다.

6 오른쪽 변의 아래 점들과 아랫변의 오른쪽 점들을 잇습니다. 이와 같이 변
의 중점을 이용하여 다음과 같이 라인디자인을 할 수 있습니다.

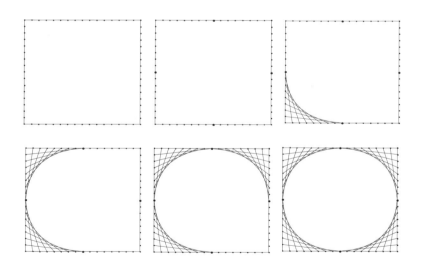

정사각형으로 라인디자인하기 3

1   각 변이 8cm인 정사각형을 그리고 각 변을 16등분한 후 점을 찍습니다.

2   중점을 잇는 선분을 그립니다.

3   빨간 선과 파란 선에 있는 점들을 잇습니다.

4   파란 선과 녹색 선에 있는 점들을 잇습니다.

5   녹색 선과 노란 선에 있는 점들을 잇습니다.

6   노란 선과 빨간 선에 있는 점들을 잇습니다.

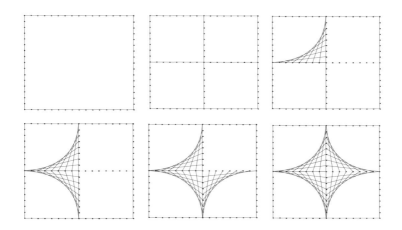

 놀이의 팁

● 〈정사각형으로 라인디자인하기 3〉에서 작은 사각형의 어떤 변을 짝짓느냐에 따라 다른 모양이 될 수 있습니다.

● 시간을 절약하기 위해서 라인디자인을 등분해 놓은 정사각형 그림을 미리 아이들에게 나누어주었는데 아이들이 원하는 크기의 정사각형에 등분할 점의 수를 스스로 결정하여 직접 찍어보도록 해도 좋습니다.

- 점의 간격을 더 작게 하면 곡선 모양이 더욱 자연스럽게 나타납니다.

- 정사각형, 정삼각형, 정오각형, 정육각형과 같은 정다각형뿐 아니라 각 변의 길이가 같지 않은 다각형 등 여러 가지 모양을 이용하여 라인디자인을 할 수 있습니다.

- 선을 그을 때 연필로 그은 후 그 위에 색볼펜이나 사인펜으로 그리려는 아이들이 있는데 처음부터 색볼펜이나 사인펜으로 그리는 것이 좋습니다. 워낙 많은 선을 그려야 하고, 연필로 그린 선 위에 덧대어 그리면 지저분해 보입니다.

- 두꺼운 사인펜보다 가는 사인펜이 좋습니다. 그리고 사인펜보다는 색볼펜이 그리기 편하고 번지지 않아 좋습니다.

- 정사각형 라인디자인을 완성한 아이들을 위해서 다른 도형에 라인디자인을 한 작품을 보여주고 나만의 규칙을 결정하는 데 참고하도록 합니다. 다음은 정삼각형과 정사각형을 이용하여 라인디자인을 한 작품입니다.

18-02 원으로 라인디자인하기

- **교과 적용 단원** 3학년 2학기 3단원 〈원〉, 4학년 2학기 6단원 〈규칙과 대응〉, 6학년 2학기 6단원 〈여러 가지 문제〉
- **준비물** 원 도안, 자, 연필, 지우개, 색볼펜, 사인펜

× ×

원주 위에 등분한 점을 찍고 이 점들을 일정한 규칙에 따라 직선으로 이어서 라인디자인을 할 수 있습니다. 규칙에 따라 점을 잇다 보면 1개의 점에 2개의 직선을 잇게 되기도 합니다.

놀이 방법

1 선생님께서는 80등분하여 점 80개를 찍은 원 도안(점에 번호가 적혀 있음)을 아이들에게 나누어주도록 합니다.

2 나만의 규칙을 정해 규칙에 따라 1번 점부터 연결합니다. 예를 들어 나의 규칙이 '10 큰 점을 연결하기'라면 1번 점은 11번 점에 연결하고, 2번 점은 12번 점에 연결하고, 3번 점은 13번 점에 연결합니다. 마지막 80번 점까지 반복하여 연결합니다.

3 친구들의 작품을 감상하여 규칙에 따라 원 안에 그려지는 원의 크기를 비교해 보도록 합니다. 더하는 수가 클수록 작은 원이 만들어집니다.

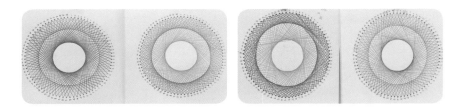

4 한 원에 2가지 규칙에 따라 서로 다른 색깔의 색볼펜으로 선을 그어 작품을 완성할 수도 있습니다.

TIP 놀이의 팁

● 선생님께서는 아이들에게 원을 이용한 라인디자인 작품을 몇 가지 보여준 후 규칙을 어떻게 정할지 생각해 보도록 합니다. 작품을 감상하여 더하는 수가 클수록 작은 원이 만들어진다는 규칙을 발견한 후 이를 참고하여 라인디자인을 해도 좋고, 각자 라인디자인을 한 작품을 보고 규칙을 발견하도록 해도 좋습니다.

● 정사각형으로 라인디자인을 할 때와 마찬가지로 선을 그을 때 처음부터 색볼펜이나 사인펜으로 그리는 것이 좋습니다.

● 원 도안을 여유 있게 준비하여 아이들이 자유롭게 사용하도록 해주세요. 규칙을 정하고 연필로 먼저 일부만 그려본 후에 새 도안에 색볼펜으로 작품을 완성하도록 합니다.

● 연결해야 하는 선이 많아서 자칫 실수를 하면 정확하게 연결하지 못하는 경우가 있으니 집중해서 그리도록 합니다.

18-03 하트 그리기

- **교과 적용 단원** 3학년 1학기 2단원 〈평면도형〉, 3학년 2학기 3단원 〈원〉, 4학년 2학기 6단원 〈규칙과 대응〉, 6학년 2학기 6단원 〈여러 가지 문제〉
- **준비물** 정사각형 도안, 원 도안, 자, 연필, 지우개, 사인펜, 색볼펜

×××××××××××××××××××××××××××

정사각형과 원을 이용한 라인디자인으로 하트를 그리는 활동입니다. 이 활동을 먼저 제시하면 많은 아이들이 하트만 그리고 싶어하는 경향이 있습니다. 그러므로 다른 활동을 먼저 한 후 하트 그리기 활동을 하는 것이 좋습니다.

정사각형을 이용한 하트 그리기

1. 정사각형을 이용해 라인디자인을 하여 그린 하트를 보여줍니다.
2. 어떤 방법으로 라인디자인을 했는지 살펴보도록 합니다.
3. 정사각형을 이용해 라인디자인을 하여 하트를 그리는 방법을 설명합니다.
4. 각 변의 길이가 16cm인 정사각형을 그린 후 각 변을 32등분한 후 점을 찍도록 합니다.
5. 윗변의 중점에서 4cm 수선을 긋고 8등분한 후 점을 찍도록 합니다.
6. 왼쪽 변과 오른쪽 변의 8번째 점과 윗변의 각 부분의 중점, 아랫변의 중점을 진하게 그립니다.

7 하트의 왼쪽 아랫부분을 먼저 그립니다. 첫 번째 점끼리 잇는 것이 아니라 아래와 같이 하나씩 건너뛰어 다음 점에 잇습니다. 모두 8개의 점을 이와 같이 잇고 나머지는 점을 건너뛰지 않고 잇도록 합니다.

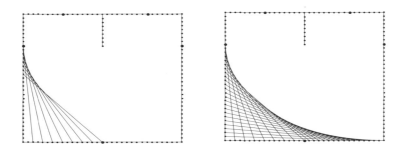

8 위와 같은 방법으로 하트의 오른쪽 아랫부분을 그리도록 합니다.

9 하트의 윗부분은 다음과 같이 두 변씩 짝지어 점들을 잇도록 합니다.

10 위의 방법에 따라 자와 색볼펜 또는 사인펜을 이용하여 라인디자인을 하도록 합니다.

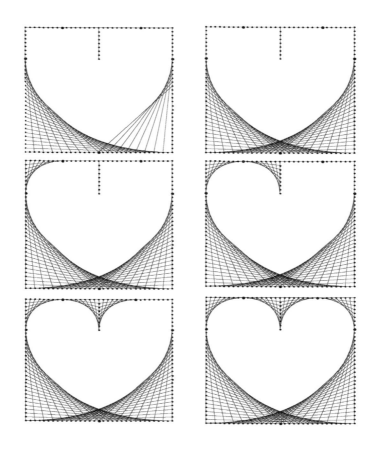

원을 이용한 하트 그리기

1 80등분하여 점 80개를 찍은 원 도안(점에 번호가 적혀 있음)을 나누어줍니다.

2 41번 점과 27번 점을 연결합니다.

3 위와 같은 규칙으로 40번에서 27번까지의 점을 14를 뺀 수의 점과 연결합니다(40-26, 39-25, …, 28-14, 27-13).

4 26번 점과 11번 점을 연결합니다. 25번 점부터 15번 점까지는 앞에서 뺀

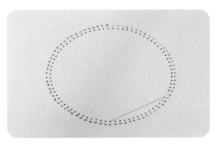
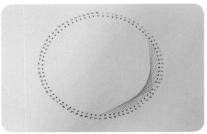

수보다 2 큰 수를 뺀 수의 점과 연결합니다(25-13, 24-11, …, 21-1, 20-79, …, 16-71, 15-69).

5 41번 점과 55번 점을 연결합니다. 이와 같은 규칙으로 42번에서 55번까지의 점을 14를 더한 수의 점과 연결합니다(42-56, 43-57, …, 54-68, 55-69).

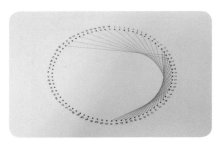
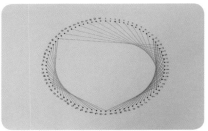

6 56번 점과 71번 점을 연결합니다. 57번 점부터 67번 점까지는 앞에 더한 수보다 2 큰 수를 더한 수의 점과 연결합니다(57-73, 58-75, …, 66-11, 67-13).

7 1번 점과 41번 점을 연결합니다. 2번 점부터 15번 점까지 앞에서 더한 수보다 2 큰 수를 더한 수의 점과 연결합니다(2-43, 3-45, …, 14-67, 15-69).

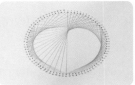
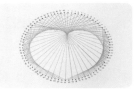

8 80번 점과 39번 점을 연결합니다. 79번 점부터 69번 점까지 앞에서 뺀 수보다 2 큰 수를 뺀 수의 점과 연결합니다(79-37, 78-35, …, 70-19, 69-17).

 놀이의 팁

- 정사각형을 이용한 라인디자인을 한 후 라인디자인한 하트를 보여주고 스스로 규칙을 찾아보도록 하여 각자 하트를 그리도록 해도 좋습니다.

- 하트 그리기를 참고하여 아이들이 스스로 디자인하여 멋진 라인디자인을 완성해 보도록 하는 건 어떨까요? 몇 개의 선분을 어떤 길이로 어떻게 그릴 것인지, 각 선분에 점을 몇 개씩 찍을 것인지, 점들을 어떻게 이을 것인지 잘 생각하여 라인디자인을 하도록 합니다.

- 원을 이용한 하트를 그리기 위해서 어떤 점과 연결할 것인지 설명이 복잡하지요? 아이들이 어려워한다면 선생님께서는 점을 연결할 때 옆으로 한 칸씩 이동하여 연결하거나 또는 점 하나 건너뛰고 연결하면 된다고 말씀해 주세요.

- 원을 이용한 하트 그리기는 모두 4단계로 나누어서 그릴 수 있습니다. 위의 설명대로 4단계로 나누어 시범을 보이며 설명하고 아이들이 한 단계씩 완성하는 것을 확인하고 다음 단계로 진행하도록 해주세요.

19_ 수학디자인

'수학' 하면 많은 사람들은 숫자와 계산을 떠올립니다. 하지만 수학은 여러 분야에서 다양하게 응용되고 있습니다. 미술 작품뿐만 아니라 생활 속에서도 수학의 개념과 원리를 이용한 다양한 물건, 건물, 설치물 등을 볼 수 있습니다. 아름답다고 느껴지는 황금비, 좌우가 합동이 되는 대칭, 다양한 도형을 이용한 디자인 등 생각지 못한 곳곳에서 수학을 발견할 수 있답니다.

수업 시간에 배우는 개념과 미술 활동을 통합하여 수학의 아름다움을 경험해 보는 시간을 갖는 건 어떨까요? 예를 들어 A4를 잘라서 크기는 다르지만 비율이 같은 종이를 준비하여 종이 접기로 나만의 패턴을 만들어 아름다운 작품을 만들 수 있습니다. 흔히 사용하는 정사각형 모양의 색종이 이외에 동그라미 색종이를 접어서 수직과 평행의 개념을 이용하여 규칙을 정하여 독특한 패턴을 만들어 멋진 작품을 만들 수도 있습니다. 또한 합동과 대칭의 개념을 활용하여 색한지나 색종이로 선대칭도형이나 점대칭도형을 만들어 카드를 아름답게 꾸밀 수 있습니다. 아이들이 수학이 숨어 있는 아름다운 디자인을 경험해 보도록 해주세요.

- **교과 적용 단원** 2학년 2학기 6단원 〈규칙 찾기〉, 3학년 1학기 2단원 〈평면도형〉, 4학년 1학기 3단원 〈각도와 삼각형〉, 5학년 2학기 2단원 〈합동과 대칭〉, 6학년 1학기 4단원 〈비와 비율〉
- **준비물** A4를 가로로 반으로 나눈 크기(A4의 1/2 크기) 8장, A4의 반을 다시 반으로 나눈 크기(A4의 1/4 크기) 8장, A4의 반의 반을 다시 반으로 나눈 크기(A4의 1/8 크기) 8장, 풀, 투명테이프

✕✕✕✕✕✕✕✕✕✕✕✕✕✕✕✕✕✕✕✕✕✕✕✕✕✕✕

1:1.414의 비율을 가진 A4를 잘라서 여러 가지 패턴을 만들 수 있습니다. A4를 반으로 자를 때는 원래 A4 크기와 비율이 같아지도록 자릅니다. 비와 비율을 학습하면서 A4를 연속하여 2등분하였을 때 비율을 비교해 보고 이 종이를 접어서 나만의 패턴을 만들어보세요.

놀이 방법

1 A4를 자른 종이들을 모아 보여주고 발견한 사실이나 떠오른 생각을 자유롭게 발표하도록 합니다.

2 A4는 1:1.414의 비율을 가지고 있으며 이를 2등분하여도 비율이 같음을 설명합니다.

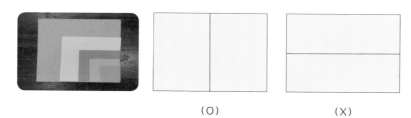

(O)　　　　　　　(X)

3 필요한 색A4를 미리 잘라둔 후 아이들에게 한 세트씩 고르도록 합니다.

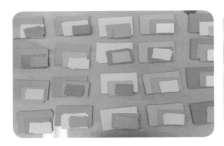 

4 아래를 참고하여 접는 방법을 설명하고 가장 큰 종이를 한 장 접습니다. 먼저 대각선으로 접어 짧은 변이 긴 변과 겹치도록 합니다.

 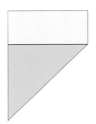

5 왼쪽 위를 접어 아래 접은 선과 만나도록 하고, 왼쪽 위의 선을 다시 접어 아래 선과 만나도록 합니다.

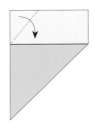 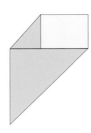 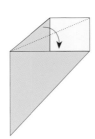 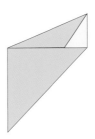

6 파란 선이 반으로 접히도록 오른쪽 부분을 접어 내린 후 접은 곳에 풀칠을 하여 붙입니다. 접은 모양을 뒤집습니다.

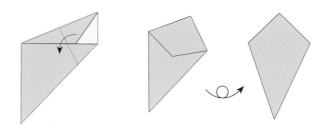

7 3가지 크기의 종이를 각각 1장씩 접도록 합니다. 3가지 크기의 종이를 위와 같이 접으면 비율은 같으나 크기가 다른 모양을 만들 수 있습니다.

8 3가지 크기의 종이를 다음과 같이 붙여 기본 패턴을 만들 수 있습니다. 다음 기본 패턴을 참고하여 나만의 패턴을 만들도록 합니다.

9   나머지 종이들도 모두 접어 기본 패턴 8개를 만듭니다.

10   패턴 8개를 위와 같이 서로 맞닿게 하고 뒤에 투명테이프를 붙여서 작품을 완성합니다.

TIP   **놀이의 팁**

● 준비물에 제시한 것 이외에도 종이의 비율을 조절할 수 있습니다. 표에서 제시하는 크기로 준비하면 아래와 같은 크기로 만들 수 있습니다. 나, 다와 같은 크기로 만들기 위해서 색A4를 자르는 데 정확하게 자르기가 조금 어려울 수도 있습니다.

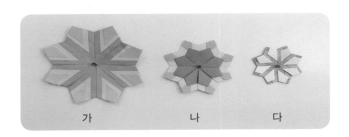

가	나	다
A4의 1/2 크기 8장	A4의 1/4 크기 8장	A4의 1/8 크기 8장
A4의 1/4 크기 8장	A4의 1/8 크기 8장	A4의 1/16 크기 8장
A4의 1/8 크기 8장	A4의 1/16 크기 8장	A4의 1/32 크기 8장

- 오른쪽 사진은 '다'의 크기로 잘라서 접은 패턴의 실물 크기 입니다.

- 아이들에게 3가지 색을 선택한 후 A4를 직접 오려서 만들어보도록 해도 좋으나 선생님께서 수업 전에 미리 잘라서 준비해 주시면 시간을 절약할 수 있습니다.

- 다양한 패턴을 만들기 위해서 모둠 친구끼리 패턴이 서로 겹치지 않도록 살펴보도록 했습니다.

- 8개의 패턴을 붙일 때 가운데 꼭짓점에서 정확하게 모이도록 붙여야 합니다. 테이프로 고정하기 전에 먼저 8개의 패턴을 가운데 꼭짓점에서 정확하게 모이게 한 후 테이프를 붙이도록 합니다.

- A4에는 숨은 비밀이 있습니다. 컴퓨터로 문서를 작성하고 프린터로 인쇄할 때 우리가 사용하는 종이인 A4 크기는 297mm×210mm입니다. 왜 290mm×210mm와 같이 딱 맞아떨어지지 않는 크기를 사용했을까요? A4의 가로와 세로의 비율은 바로 1:1.414입니다. 가로와 세로의 비가 1:1.414이고 넓이가 1m²인 종이를 A0라고 합니다. A0를 반씩 자를 때마다 나오는 종이를 아래 그림과 같이 부릅니다. A0를 절반으로 자르면 A1이, A1을 다시 반으로 자르면 A2가, A2를 다시 반으로 자르면 A3가, A3를 반으로 자르면 우리가 자주 사용하는 A4가 됩니다.

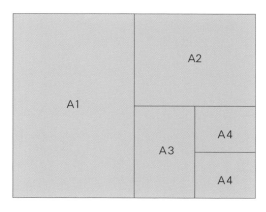

A0 종이 841mm×1189mm

● A계열 종이뿐 아니라 B계열 종이도 있는데, 가로와 세로의 비가 1:1.414인 것은 같지만 넓이가 1.5m²인 종이를 B0라 하고, 이를 계속 반씩 잘라서 B1, B2, B3 등과 같은 종이 규격을 만듭니다.

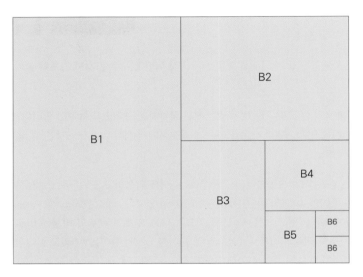

B0 종이 1030mm×1456mm

19-02 동그라미 색종이로 디자인하기

- 교과 적용 단원 3학년 1학기 3단원 〈원〉, 4학년 2학기 2단원 〈수직과 평행〉, 5학년 2학기 2단원 〈합동과 대칭〉
- 준비물 1인당 동그라미 색종이 2가지 색 각 8장씩, 풀, 색종이, 색A4

× ×

수직과 평행을 응용하여 동그라미 색종이를 접어 수직으로 만나는 선분을 만들고 그 선분을 겹쳐서 규칙적인 무늬 꾸미기를 할 수 있습니다. 다양한 패턴을 찾아 나만의 무늬를 꾸며보도록 합니다.

놀이 방법

1   같은 크기인 동그라미 색종이를 2가지 색, 각각 8장씩 짝지어 늘어놓습니다. 우리 반은 2가지 크기의 색종이를 준비했습니다.

2   아이들에게 이 중에서 한 세트를 선택하여 가져가도록 합니다.

3   동그라미 색종이를 반으로 접도록 합니다.

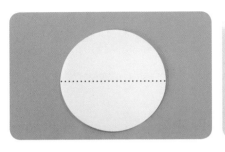

4 접은 동그라미 색종이를 한 번 더 접도록 합니다.

5 동그라미 색종이를 폅니다. 접은 두선이 서로 수직으로 만납니다.

6 접었다 편 선과 가운데 두 선이 만난 점을 이용하여 2가지 색의 동그라미 색종이를 규칙을 정하여 배열해 봅니다.

7 원하는 규칙을 정했으면 그 규칙에 따라 동그라미 색종이를 놓도록 합니다.

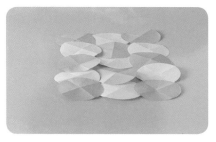 

8 위의 동그라미 색종이를 정사각형 색종이나 색A4 위에 풀칠하여 붙입니다.

9 작품을 완성하면 기념 촬영 후 칠판에 붙여놓고 서로의 작품을 감상합니다.
10 작품을 모두 완성하면 색종이나 색A4의 여유분을 잘라낸 후 교실 뒤 게시판에 게시합니다.

● 자신이 선택한 동그라미 색종이의 크기에 따라 색종이나 색A4를 선택하도록 합니다. 우리 반은 각자 2가지 색의 동그라미 색종이를 8장씩 나누어주어 4장씩 4줄이 되도록 배열했는데, 남은 공간을 규칙에 따라 더 꾸미고 싶은 아이들에게는 동그라미 색종이를 더 나누어주었습니다.

● 접었다 편 선과 가운데 두 선이 만난 점을 이용하여 2가지 색의 동그라미 색종이를 규칙을 정하여 배열해 본 후 동그라미 색종이를 종이에 붙일 때 선끼리 정확하게 맞춰 붙여야 합니다. 조금씩 어긋나는 경우가 있으므로 선생님께서는 아이들이 처음에 선에 맞춰 잘 붙이고 있는지 살펴주세요.

19-03 대칭카드 만들기

- **교과 적용 단원** 3학년 1학기 2단원 〈평면도형〉, 4학년 2학기 3단원 〈다각형〉, 5학년 2학기 2단원 〈합동과 대칭〉
- **준비물** 색한지, 흰색 A4, 가위, 풀

× ×

합동과 대칭의 개념을 익힌 후 색한지를 잘라서 선대칭도형이나 점대칭도형을 만들어보는 활동입니다. 종이를 접어 접은 선을 중심으로 자르면 선대칭도형이 되고, 접은 선을 잘라서 한쪽 부분을 뒤집으면 점대칭도형이 됩니다. 색한지를 이용하여 선대칭도형이나 점대칭도형이 되는 모양을 만들어 카드를 꾸며보세요.

놀이 방법

1 한 변의 길이가 15cm인 색한지를 4등분하고, 흰색 A4를 가로로 길게 3등분하여 준비합니다.

2 색한지를 반으로 접어서 접은 선을 중심으로 접은 부분이 연결되도록 원하는 모양을 그립니다.

3 그린 선에 따라 색한지를 자릅니다. 자른 모양을 펼치면 선대칭도형이 됩니다.

4 접은 선을 잘라서 한쪽 종이를 뒤집으면 점대칭도형이 됩니다.

5 흰색 A4를 반으로 접어 카드 모양이 되도록 합니다.

6 카드의 앞장을 어떤 대칭인 모양을 이용하여 꾸밀 것인지 생각한 후 여러 가지 색한지를 오려서 카드의 앞장을 꾸밉니다. 전체 모양이 선대칭도형이나 점대칭도형이 되지 않아도 됩니다.

놀이의 팁

● 우리는 생활 속에서 점대칭도형보다는 선대칭도형을 훨씬 많이 접하게 됩니다. 아이들도 점대칭도형보다는 선대칭도형 모양을 많이 만듭니다. 점대칭도형도 많이 만들어보도록 격려해 주세요.

● 우리 반 한 아이가 색한지를 2번 접어 오려서 오른 쪽과 같이 선대칭이 되는 모양을 만들었습니다. 창 의적인 다양한 시도를 허용해 주세요.

20_ 파스칼의 삼각형

철학자이자 수학자인 파스칼은 중국에서 만들어져 유럽으로 전해진 삼각형에서 여러 가지 흥미로운 성질과 규칙을 발견했습니다.

1, 3, 5, 7, 9에서 9 다음의 수는 무엇일까요? 1부터 2씩 커지는 규칙이 있으니까 9 다음의 수는 2 큰 수인 11입니다. 이와 같이 어떤 규칙에 따라 수를 늘어놓은 삼각형을 '파스칼의 삼각형'이라고 합니다.

규칙에 따라 수를 더하여 파스칼의 삼각형을 완성해 보고, 파스칼의 삼각형에서 여러 가지 규칙을 찾아보는 활동을 통해 아이들의 수학적 사고력을 키울 수 있습니다.

- **교과 적용 단원** 1학년 1학기 3단원 〈덧셈과 뺄셈〉, 1학년 2학기 3단원 〈덧셈과 뺄셈(1)〉, 1학년 2학기 5단원 〈덧셈과 뺄셈(2)〉, 2학년 1학기 3단원 〈덧셈과 뺄셈〉, 3학년 1학기 1단원 〈덧셈과 뺄셈〉
- **준비물** 활동지, 연필, 지우개, 계산기

××××××××××××××××××××××××××

규칙에 따라 수를 늘어놓는 삼각형을 '파스칼의 삼각형'이라고 합니다. 스스로 규칙을 찾아보고 그 규칙에 따라 수를 더하여 파스칼의 삼각형을 완성하며 규칙 찾기를 경험하고 연산 능력을 향상시킬 수 있습니다.

놀이 방법

1. 5행까지 채워진 파스칼의 삼각형 활동지를 나누어줍니다.

2. 파스칼의 삼각형의 왼쪽 변과 오른쪽 변에 모두 1을 쓰도록 합니다.

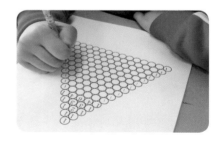

3. 삼각형의 가운데 부분은 어떤 규칙에 따라 채워지는지 알아보도록 합니다.

4. 가운데 부분은 서로 붙어 있는 두 수를 더하여 두 수의 가운데 아래에 더한 수를 쓰는 규칙에 따라 채워집니다.

5. 두 번째 줄의 1과 1을 더하여 두 수의 가운데 아래에 2를 씁니다.

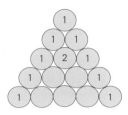

6 세 번째 줄의 1과 2를 더해서 두 수의 가운데 아래에 3을 쓰도록 합니다.

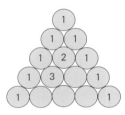

7 세 번째 줄의 2와 1을 더해서 두 수의 가운데 아래에 3을 쓰도록 합니다.

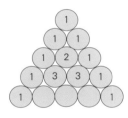

8 규칙에 따라 다음 줄의 수를 써서 파스칼의 삼각형을 완성합니다.

9 수를 더할 때 암산, 필산, 계산기 사용을 자유롭게 할 수 있도록 허용합니다.

10 규칙에 따라 수를 잘 썼는지 확인합니다.

놀이의 팁

- 숫자를 하나도 쓰지 않은 파스칼의 삼각형 활동지를 나누어준 후 처음부터 끝까지 완성하도록 해도 됩니다.

- 아래 행의 수는 점점 커져서 계산이 힘들어지므로 암산 이외 필산, 계산기 사용을 허용했습니다.

- 파스칼의 삼각형을 잘 완성했는지 친구들과 비교해 보거나, 완성된 정답을 제시하여 각자 정답을 비교한 후 잘못된 부분을 수정하도록 합니다.

- 파스칼의 삼각형을 완성하는 데 40분 정도의 시간이 걸립니다. 규칙을 찾는 것에 중점을 둔다면 10행 정도까지만 파스칼의 삼각형을 완성하고, 완성된 파스칼의 삼각형을 나누어 준 후 파스칼의 삼각형에 숨은 규칙을 찾는 활동을 해도 좋습니다.

20-02 파스칼의 삼각형에 숨은 규칙 찾기

- **교과 적용 단원** 1학년 1학기 3단원 〈덧셈과 뺄셈〉, 1학년 2학기 3단원 〈덧셈과 뺄셈(1)〉, 1학년 2학기 5단원 〈덧셈과 뺄셈(1)〉, 2학년 1학기 3단원 〈덧셈과 뺄셈〉, 2학년 1학기 6단원 〈곱셈〉, 2학년 2학기 2단원 〈곱셈구구〉, 3학년 1학기 1단원 〈덧셈과 뺄셈〉
- **준비물** 활동지, 연필, 지우개, 색연필

××××××××××××××××××××××××××

파스칼의 삼각형에는 여러 가지 재미있는 규칙이 숨어 있습니다. 파스칼의 삼각형을 보고 아이들 스스로 찾아보도록 하거나, 선생님께서 하나씩 힌트를 주면서 규칙을 찾아보도록 합니다.

숨은 규칙 1

1   파스칼의 삼각형에서 홀수에는 빨간색을 칠하고, 짝수는 파란색을 칠합니다.

2   파스칼의 삼각형을 모두 색칠하면 위와 같은 모양이 만들어집니다. 프랙탈 도형 중 하나인 시어핀스키 삼각형입니다(220쪽 참고).

숨은 규칙 2

1 파스칼의 삼각형을 이루는 수들 중 3의 배수를 빨간색으로 칠합니다.

2 빨간색으로 칠해진 모양이 모두 거꾸로 놓인 삼각형 모양이고, 이를 둘러싼 나머지 수들은 바로 놓인 삼각형 모양입니다.

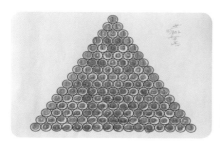

숨은 규칙 3

1 1행, 3행, 5행과 같이 홀수 번째 행을 홀수행이라 하고, 2행, 4행, 6행과 같이 짝수 번째 행을 짝수행이라고 합니다.

2 홀수행과 짝수행에서 가장 큰 수가 몇 번씩 나오는지 알아봅니다.

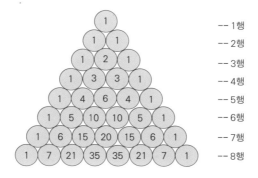

3 홀수행은 가장 큰 수가 한 번, 짝수행은 가장 큰 수가 두 번 나옵니다.

283

숨은 규칙 4

1 각 행의 수들의 합을 구해 보고 어떤 규칙이 있는지 알아보도록 합니다.

1행의 합 : 1

2행의 합 : 1+1=2

3행의 합 : 1+2+1=4

4행의 합 : 1+3+3+1=8

5행의 합 : 1+4+6+4+1=16

6행의 합 : 1+5+10+10+5+1=32

…

2 앞 행의 합보다 다음 행의 합이 2배씩 커지는 규칙이 있습니다. 다시 말해서 n행의 합은 2를 (n-1)번 곱한 것과 같습니다. 만약 8행의 합을 구하려면 2를 (8-1)번, 즉 7번 곱해서 128이 됩니다.

1행의 합 : **1**

2행의 합 : 1+1=**2**

3행의 합 : 1+2+1=**4**=2×2

4행의 합 : 1+3+3+1=**8**=2×2×2

5행의 합 : 1+4+6+4+1=**16**=2×2×2×2

6행의 합 : 1+5+10+10+5+1=**32**=2×2×2×2×2

…

숨은 규칙 5

1 파스칼의 삼각형을 이용해서 수의 합을 쉽게 구할 수 있습니다.

2 1+2+3+4+5+6의 합은 빨간 선을 따라가서 6 아래 오른쪽의 수인 21입니다.

3 1+3+6+10+15의 합을 구해 보도록 합니다. 파란 선을 따라가서 15 아래 오른쪽의 수를 확인합니다.

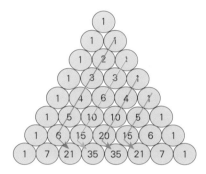

4 1+3+6+10+15의 합은 35입니다.

5 친구와 서로 문제를 내고 맞추는 놀이를 하도록 합니다.

TIP 놀이의 팁

● 아이들이 직접 만든 파스칼의 삼각형은 규칙에 맞게 잘 만들었는지 확인한 후 사용하도록 합니다.

● 〈숨은 규칙 1〉과 〈숨은 규칙 2〉 둘 중 한 가지를 선택하여 색칠하면 어떤 모양이 나오는지 확인합니다.

● 〈숨은 규칙 3〉~〈숨은 규칙 5〉는 선생님께서 하나씩 힌트를 주며 아이들과 함께 규칙을 찾아봅니다.

선생님과 아이들 모두가 즐거워지는
수학 수업 만들기
초등 수학 단원별 활용 가능한
61가지 수학 놀이 총정리

놀 이 로   수 학   수 업 이   즐 거 워 진 다 !

Part 5

측정

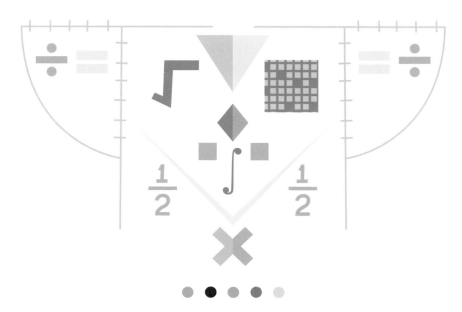

21_ 넓이 재기

여러 가지 삼각형과 사각형의 넓이를 구하기 위해서는 단위넓이 1cm²의 필요성과 크기를 알아본 후 한 변이 1cm인 정사각형 몇 개로 넓이를 구하고자 하는 도형을 덮을 수 있는지 알아보아야 합니다. 이 과정을 통해 각 도형의 넓이를 구하는 원리와 방법을 찾을 수 있습니다.

그렇다면 교실과 같이 큰 공간의 넓이와 손바닥과 같이 불규칙한 모양의 넓이는 어떻게 구할 수 있을까요? 교실과 같이 넓은 공간을 구하기 위해서 cm² 이외에 더 큰 단위인 m²가 필요합니다. 1m²가 얼마나 넓은지 실제로 느껴보고, m²를 활용하여 넓이를 나타내는 활동을 통해 넓이에 대한 양감을 기를 수 있습니다. 교실 이외에 학교의 강당과 복도, 우리 집 거실과 방 등의 넓이를 어림하고 구해 보도록 하세요.

손바닥과 같이 불규칙한 모양의 넓이는 어떻게 구할까요? 손바닥과 같이 불규칙한 모양의 넓이 역시 한 변이 1cm인 정사각형 몇 개로 덮을 수 있는지 대강 어림하여 구할 수도 있지만 오스트리아의 수학자 게오르그 픽(Georg Pick)이 정리한 '픽의 정리'를 활용하면 비교적 정확히 구할 수 있습니다. 단지 숫자 계산만이 아닌, 몸으로 체험하는 넓이 구하기를 통해 아이들이 넓이에 대한 양감과 수학에 대한 흥미를 갖도록 해주세요.

1m² 만들기

- **교과 적용 단원** 5학년 1학기 5단원 〈다각형의 넓이〉, 5학년 2학기 5단원 〈여러 가지 단위〉
- **준비물** 전지(788mm×1088mm), 신문지, 8절지 도화지, 가위, 풀, 투명테이프, 줄자, 연필

××××××××××××××××××××××××××

1cm² 단위넓이를 이용하여 교실과 같이 넓은 곳의 넓이를 재는 것이 불편하다는 것을 이해하고 새로운 단위인 1m²의 필요성을 인식하도록 합니다. 실제로 종이를 이용하여 넓이가 1m²가 되도록 만들어 1m²에 대한 양감을 기르고, 1m² 종이를 이용하여 교실의 넓이를 재보는 활동을 합니다.

놀이 방법

1   1cm²와 1m²의 개념을 알아봅니다.

2   전지의 가로, 세로 길이를 어림해 보도록 합니다.

3   모둠별로 전지를 나누어준 후 줄자를 이용하여 실제 가로와 세로의 길이를 재봅니다. 전지의 가로는 약 80cm, 세로는 약 110cm 정도입니다.

4   전지, 신문지, 8절지 도화지 등을 사용해서 모둠끼리 협동하여 전지에 다른 종이를 투명테이프로 이어 붙여 1m²를 만듭니다. 이때 가로 1m, 세로 1m가 되도록 만듭니다.

5 1m² 종이를 만든 후 선생님께 확인을 받습니다. 선생님께서는 줄자로 가로, 세로의 길이를 재어보고 전체적인 모양을 확인합니다.

6 1m² 종이를 이용하여 물건이 놓여 있는 교실의 넓이를 어떻게 재면 좋을지 모둠별로 의논합니다.

7 모둠끼리 협동하여 1m² 종이를 이용하여 교실의 넓이를 재봅니다.

8 모둠별로 교실의 넓이를 잰 방법과 넓이를 발표하고, 다른 모둠과 비교해 봅니다.

● 전지의 가로가 1m가 되지 않으니 다른 종이를 이어 붙여 1m가 되도록 만들고, 세로는 1m가 넘으니 1m가 되도록 잘라내야 합니다. 어떤 종이를 어떻게 이어 붙여서 만드는 것이 가장 효율적일지 모둠별로 토의한 후 활동을 하도록 합니다.

● 각 모둠별로 전지를 2장씩 주고 좀 더 간편하게 이어 붙이도록 활동을 변경할 수도 있습니다. 하지만 우리 반은 조각 종이를 어떻게 효율적으로 활용할 것인지에 대해서 아이들에게 의사소통하는 기회를 제공하고자 전지를 2장씩 주지 않았습니다. 1m² 종이를 좀 더 간편하게 만들기 위해서는 각 모둠별로 전지를 2장 또는 1장 반씩 나누어주어도 됩니다.

● 줄자를 사용하는 방법을 미리 설명한 후 줄자로 전지의 가로, 세로 길이를 재도록 합니다. 줄자의 영점을 맞추는 데 주의하도록 합니다.

● 종이를 테이프로 이어 붙일 때 두 변을 딱 맞게 놓고 붙일 수도 있지만 종이를 겹쳐서 붙이는 것이 좀 더 편리합니다.

● 교실의 넓이를 재기 위해서 1m² 종이로 교실 바닥을 몇 번 덮을 수 있는지 재어보아야 하지만, 교실에 여러 가지 물건들이 있어서 교실 바닥을 실제로 덮어가며 재는 것이 불가능합니다. 우리 반은 교실의 가로로 1m² 종이를 몇 번 놓을 수 있는지, 세로로 1m² 종이를 몇 번 놓을 수 있는지 센 후에 직사각형의 가로와 세로의 곱을 이용하여 교실의 넓이를 대략적으로 구했습니다.

21-02 손바닥 넓이 재기

- **교과 적용 단원** 5학년 1학기 5단원 〈다각형의 넓이〉, 5학년 2학기 5단원 〈여러 가지 단위〉
- **준비물** 활동지, 모눈종이, 연필, 지우개, 색연필, 사인펜

××××××××××××××××××××××××

여러 가지 삼각형과 사각형의 넓이를 구하기 위해서는 각각 1cm² 단위넓이로 몇 번 덮을 수 있는지 알아보면 됩니다. 이를 활용하여 넓이를 구할 수 있는 공식을 알아보고 쉽게 넓이를 구할 수 있습니다. 그럼 손바닥과 같이 불규칙한 모양의 넓이는 어떻게 구할 수 있을까요? 픽의 정리를 이용하여 손바닥의 넓이를 구해 봅시다.

1cm² 단위넓이를 이용한 넓이 구하기

1   직사각형의 넓이를 구하는 방법을 알아보도록 합니다.
2   직사각형의 넓이는 '(가로)×(세로)'를 하여 한 변이 1cm인 정사각형(1cm²)으로 몇 번 덮을 수 있는지 알아보고 구할 수 있습니다.
3   아래 모양의 넓이를 어떻게 구해야 할지 발표합니다.

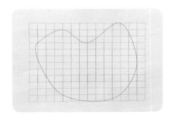

4   먼저 1cm² 몇 개로 덮을 수 있는지 알아보아야 합니다. 모양에서 온전한
    1cm²인 모눈이 모두 몇 개인지 셉니다. 1cm²인 모눈은 모두 84개이므로
    84cm²입니다.

 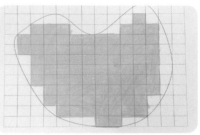

5   완전히 1cm²가 되지 않는 부분은 서로 합쳐서 대략 1cm²가 몇 개가 되는지
    어림합니다. 아이들마다 조금씩 차이가 나는데, 대략 20~30개 정도가 됩
    니다.

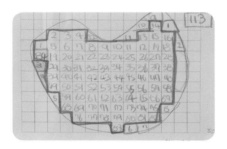

6   모양의 전체 넓이를 구합니다. 완전히 1cm²인 부분과 그렇지 않은 부분의
    넓이를 더합니다. 대략 104~114cm² 정도가 됩니다.

픽의 정리를 이용한 넓이 구하기

1   이번에는 픽의 정리를 이용해서 넓이를 구해 봅니다.

2 픽의 정리에 대해 설명합니다. 가로선과 세로선이 만나는 점과 도형의 둘레가 만나는 점을 경계점, 가로선과 세로선이 만나는 점이 도형 안에 포함된 점을 내부점이라고 합니다. 내부점의 개수를 A, 경계점의 개수를 B, 도형의 넓이를 S라고 하면 다음과 같은 공식이 성립합니다.

$$S = B/2 + A - 1$$

오스트리아의 수학자 픽이 처음으로 발견하고 정리해서 위의 식을 '픽의 정리'라고 부릅니다.

3 픽의 정리를 이용하여 모양의 넓이를 구하기 위해서 먼저 경계점과 내부점의 수를 세도록 합니다. 경계점(●)의 개수는 11개, 내부점(▲)의 개수는 101개입니다.

  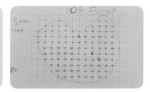

4 픽의 정리에 따라 모양의 넓이를 구합니다. 11/2+101-1=105.5, 도형의 넓이는 105.5cm²입니다.

5 1cm² 단위넓이를 이용하여 구한 넓이와 픽의 정리를 이용하여 구한 넓이를 비교합니다.

6 1cm² 단위넓이를 이용하여 약 104~114cm²로 어림하였는데, 픽의 정리로 구해 보니 넓이가 105.5cm²입니다. 오차를 생각한다면 픽의 정리를 이용해서 불규칙한 모양의 넓이를 비교적 정확하게 구할 수 있음을 알 수 있습니다.

픽의 정리를 이용한 손바닥 넓이 구하기

1 픽의 정리를 이용하여 손바닥의 넓이를 구해 보도록 합니다. 한 변의 길이가 1cm인 모눈종이에 손바닥을 올려놓고 본뜨도록 합니다. 손목을 들어 손바닥 아랫부분을 둥글게 마무리합니다.

2 경계점(●)과 내부점(▲)을 표시하고 수를 세봅니다.

3 픽의 정리에 따라 손바닥의 넓이를 구해 봅니다. 각자 손바닥의 넓이를 구한 후 칠판에 붙이고 서로 구한 넓이를 비교해 봅니다.

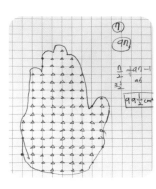 

TIP **놀이의 팁**

● 아이들이 1cm² 단위넓이에 대한 개념과 직사각형의 넓이를 구하는 방법에 대하여 학습

했다면 그외의 다른 도형의 넓이를 구하는 방법을 알고 있지 않더라도 픽의 정리를 이용하여 손바닥의 넓이 구하기 활동을 할 수 있습니다.

- 아이들이 손바닥을 본뜰 때 한 번에 매끄럽게 본뜨는 것은 다소 어렵습니다. 연필로 본뜬 후 그 위에 사인펜으로 덧그려 어긋난 선을 매끄럽게 정리하도록 하거나, 처음부터 사인펜으로 본뜨되 마음에 들지 않으면 새 모눈종이를 주고 다시 본뜨도록 해도 됩니다.

- 손바닥을 그릴 때는 색연필보다는 사인펜으로 그리는 것이 경계선을 더 선명하게 나타낼 수 있습니다. 또한 사인펜을 수직으로 세워 그리면 더 정확하게 그릴 수 있습니다.

- 손바닥 대신 발바닥의 넓이를 구해도 됩니다.

22_ 달걀, 하트, 원형 퍼즐

널리 알려진 칠교 놀이, 펜토미노 이외에 생긴 모양에 따라 이름이 붙여진 달걀 퍼즐, 하트 퍼즐, 원형 퍼즐이 있습니다. 플라스틱이나 나무로 만들어진 달걀 퍼즐, 하트 퍼즐, 원형 퍼즐을 구입하여 놀이를 할 수도 있지만, 자와 컴퍼스를 사용하여 퍼즐을 직접 만들어 활용할 수도 있습니다.

아이들이 자와 컴퍼스의 사용법을 충분히 익힌 후 달걀 퍼즐, 하트 퍼즐, 원형 퍼즐을 직접 만들어 재미있는 퍼즐 놀이를 즐기도록 해주세요.

- **교과 적용 단원** 3학년 1학기 2단원 〈평면도형〉, 3학년 2학기 3단원 〈원〉, 4학년 2학기 2단원 〈수직과 평행〉, 5학년 2학기 2단원 〈합동과 대칭〉
- **준비물** 색A4, 흰색 A4, 모눈종이, 자, 컴퍼스, 연필, 지우개, 풀, 가위

✕✕✕✕✕✕✕✕✕✕✕✕✕✕✕✕✕✕✕✕✕✕✕✕✕

생긴 모양에 따라 이름이 붙여진 달걀 퍼즐, 하트 퍼즐, 원형 퍼즐이 있습니다. 자와 컴퍼스를 사용하여 나만의 퍼즐을 직접 만들어보도록 합니다. 아이들이 퍼즐을 만들기 전에 컴퍼스 사용법을 충분히 익힌 후 만드는 방법에 따라 그리도록 해주세요.

달걀 퍼즐 만들기

1 선생님께서는 색A4를 반으로 잘라 1장씩 나누어줍니다.

2 아이들에게 달걀 퍼즐 만드는 과정을 하나씩 설명하며 그리도록 합니다.

3 색A4 종이에 지름의 길이가 10cm인 원을 그리고, 서로 수직이 되도록 지름을 2개 그리도록 합니다. 지름과 원이 만나는 점을 각각 점 ㄱ, ㄴ, ㄷ,

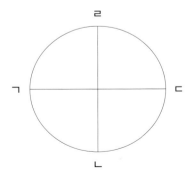

ㄹ이라고 합니다.

4 점 ㄱ에서 점 ㄹ을 지나는 길이가 10cm인 선분 ㄱㅁ을 그립니다.

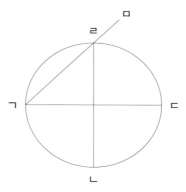

5 점 ㄷ에서 점 ㄹ을 지나고 길이가 10cm인 선분 ㄷㅂ을 그립니다.

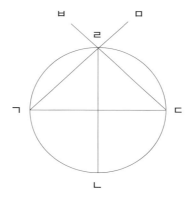

6 점 ㄱ을 중심으로 반지름의 길이가 10cm이고, 점 ㄷ과 점 ㅁ을 지나는 원을 그립니다.

7 점 ㄷ을 중심으로 반지름의 길이가 10cm이고, 점 ㄱ과 점 ㅂ을 지나는 원을 그립니다.

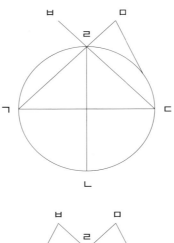

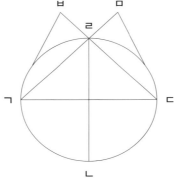

8 점 ㄹ을 중심으로 점 ㅁ과 점 ㅂ을 연결하는 원을 그립니다.

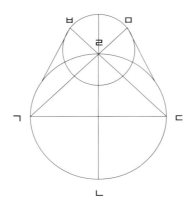

9 선분 ㄹㅁ의 길이를 반지름으로 하며 점 ㄴ을 지나는 원을 그리고 이 원의 중심은 ㅅ이라고 합니다.

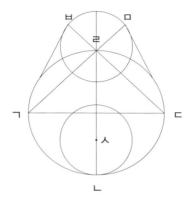

10 위에서 그린 원과 선분 ㄱㄷ이 만나는 점을 각각 점 ㅇ, 점 ㅈ이라고 하고 선분 ㅅㅇ, 선분 ㅅㅈ을 그립니다.

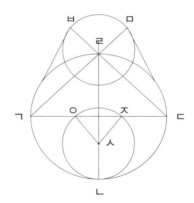

11 굵은 선을 따라 오리세요. 달걀 퍼즐을 완성하였습니다.

12 달걀 퍼즐로 나만의 모양을 만들어 흰색 A4에 붙이고 제목과 이름을 적도록 합니다.

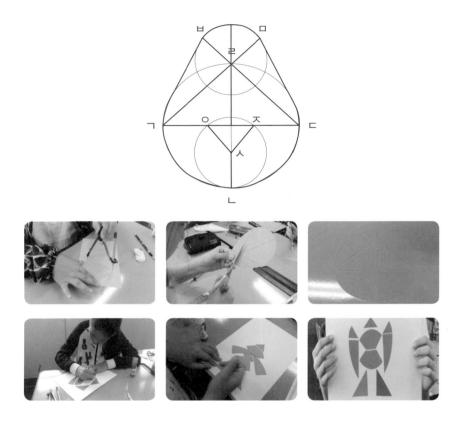

놀이의 팁

● 달걀 퍼즐을 만들 때 종이에 그리는 방향을 다음
과 같이 하면 윗부분을 그릴 수 없으니 방향을 잘
맞춰 그리도록 합니다.

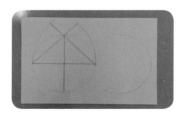

하트 퍼즐 만들기

1 반으로 자른 색A4와 모눈종이를 1장씩 나누어주세요.

2 하트 퍼즐 만드는 과정을 아래와 같이 하나씩 설명하며 모눈종이에 그리도
록 합니다.

3 모눈종이에 한 변의 길이가 12cm인 정사각형을 그립니다.

4 다음과 같이 4cm간격으로 선을 그리면 한 변의 길이가 4cm인 정사각형 9
개가 됩니다.

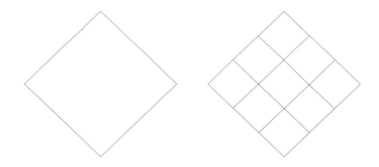

5 점 ㄱ, 점 ㄴ을 중심으로 각각 반지름의 길이가 4cm인 원을 그립니다.

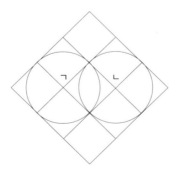

6   점 ㄷ과 점 ㄹ, 점 ㄴ과 점 ㅁ, 점 ㄴ과 점 ㅂ을 자로 긋습니다. 모눈종이에
그린 하트 퍼즐을 색A4에 붙이고 굵은 선을 따라 가위로 자릅니다.

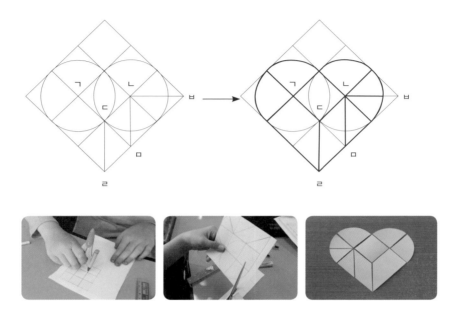

7   하트 퍼즐을 완성하였습니다. 하트 퍼즐로 나만의 모양을 만들어 흰색 A4
에 붙이고 제목과 이름을 적습니다.

- 하트 퍼즐을 만들 때 A4에 처음부터 한 변의 길이 가 12cm인 정사각형을 그리도록 할 수 있으나 모 눈종이를 활용하는 것이 더 좋습니다. 다만 하트 퍼즐을 만들고 난 후 뒷면에 모눈종이가 붙어 있 어 보기 안 좋다면 모눈종이에 색지를 덧붙여 만 들면 됩니다. 제시한 크기를 축소해서 퍼즐을 만

들어도 좋습니다. 예를 들어 하트 퍼즐을 만들 때 한 변의 길이가 12cm인 정사각형 대신 6cm로 축소해서 만들면 더 작고 귀여운 퍼즐을 만들 수 있습니다.

원형 퍼즐 만들기

1   반으로 자른 색A4를 1장씩 나누어주고 원형 퍼즐 만드는 과정을 하나씩 설 명하며 그리도록 합니다.

2   색A4 위에 반지름의 길이가 5cm인 원을 그리고, 지름 ㄱㄴ을 긋습니다.

3   지름 ㄱㄴ과 수직이 되도록 지름을 하나 더 긋습니다.

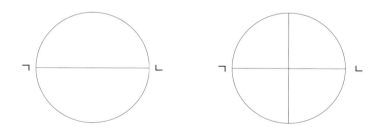

4   원의 중심에서 2.5cm가 되는 곳에 점 ㄷ, 점 ㄹ을 찍고, 선분 ㄱㄷ, ㄱㄹ, ㄴ ㄷ, ㄴㄹ을 긋습니다.

5   점 ㄹ을 지나면서 선분 ㄱㄴ에 평행한 선을 긋습니다. 이제 선을 따라 오리

세요. 원형 퍼즐을 완성하였습니다.

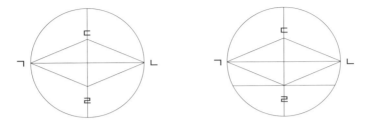

6   원형 퍼즐로 나만의 모양을 만들어 흰색 A4에 붙이고 제목과 이름을 적습
니다.

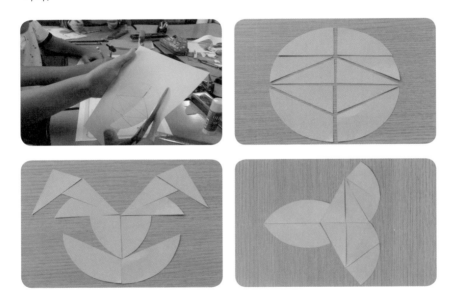

TIP   **놀이의 팁**

● 퍼즐을 만드는 과정에서는 편의상 ㄱ, ㄴ, ㄷ, ㄹ과 같은 기호를 사용하였으나 퍼즐을 그릴

때는 기호를 표시하면서 그리지 않도록 합니다.

- 퍼즐을 만드는 과정을 선생님께서 하나씩 설명해 주셔도 되지만, 그리는 과정이 적힌 안내문을 나누어주고 짝과 서로 도와 퍼즐을 만들도록 해도 좋습니다. 이렇게 할 경우 80분 동안 3개를 모두 완성하는 데 시간이 약간 부족했습니다.

- 퍼즐을 만들고 자른 후 자신과 다른 색 종이로 퍼즐을 만든 친구들과 조각을 교환해도 좋습니다.

- 각 퍼즐을 계속하여 활용하고자 할 경우에는 좀 더 두꺼운 종이를 사용하여 만듭니다. 퍼즐 조각을 계속 활용하는 경우에는 나만의 모양을 만들어 A4 종이에 붙이지 않도록 합니다.

선생님과 아이들 모두가 즐거워지는
수학 수업 만들기
초등 수학 단원별 활용 가능한
61가지 수학 놀이 총정리

놀이로 수학 수업이 즐거워진다!

Part 6

전략게임

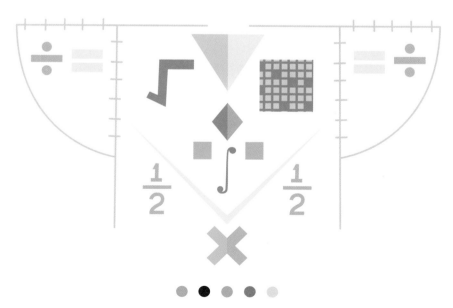

23_ 틱택토

정해진 규칙에 따라 2명 이상이 함께하는 게임으로 전략을 세워 상대방을 이기는 게임을 전략게임이라고 합니다. 게임의 규칙을 지키면서 서로 이기기 위해 자기 나름대로 전략을 세워 게임을 하는데, 단순히 운이 좋아서 이기는 게 아니라 어떤 전략을 선택해서 게임을 했는지에 따라서 승부가 결정됩니다. '틱택토(Tic Tac Toe)'도 이런 전략게임 중 하나입니다.

틱택토는 가로, 세로 각각 3칸의 놀이판을 만들고, 각자 O와 ×중 한 가지를 고른 후 번갈아 가며 놀이판에 자기 표시를 그려서 가로, 세로, 대각선 중 한 줄로 3개를 먼저 놓는 사람이 이기는 놀이입니다. 놀이 규칙이 쉽고, 어느 정도 놀이에 익숙해지면 무승부가 자주 발생하게 됩니다. 그래서 이외에 기본 틱택토판의 모양과 규칙을 변형한 삼각형 틱택토, 움직이는 틱택토, 마음대로 틱택토, 오래 움직이기 틱택토 등 여러 가지 틱택토 놀이가 있습니다.

종이에 연필로 선을 쓱쓱 그려 언제 어디서나 손쉽게 즐길 수 있는 틱택토! 어떻게 하면 이길 수 있을지 고민하며 친구들과 즐겁게 틱택토 놀이를 하도록 합니다.

• **준비물** 여러 가지 틱택토판, 바둑돌, 색연필

×××××××××××××××××××××××××

어떻게 하면 이길 수 있을지 고민하면서 친구들과 여러 가지 틱택토 놀이를 하도록 합니다. 선생님께서는 아이들이 규칙에 따라 놀이를 하면서 이길 수 있는 방법을 생각해 보도록 지도해 주세요.

놀이 준비

1 먼저 틱택토판을 만듭니다. 틱택토판을 만드는 방법에는 세 가지가 있습니다.

2 첫 번째는 하드보드지에 색상지를 붙여 만드는 것입니다. 하드보드지에 붙인 색상지의 색깔과 다른 색상지를 정사각형 모양으로 자른 후, 간격에 맞춰 붙이고 투명비닐 시트지로 하드보드지를 감쌉니다.

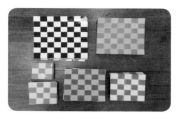

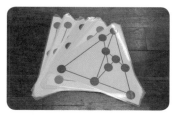

두 번째는 워드 프로그램으로 편집한 틱택토판을 색A4지에 출력하여, 코팅하여 만드는 것입니다.

마지막으로는 워드 프로그램으로 편집한 틱택토판을 A4지에 인쇄하여, 활동지처럼 이용하는 것입니다. 재활용을 위해서 아이들 개인의 클리어파일

이나 L자 파일에 꽂아두거나 선생님께서 걸어서 보관하였다가 다시 사용하
도록 합니다.

3 바둑돌을 담을 우유갑을 깨끗이 씻어
말린 후 15개(반 학생 수의 1/2)를 준비
합니다.

4 각 우유갑마다 검정돌, 흰돌을 각각
15~20개씩 담아두었다가 바둑돌이
필요한 놀이를 할 때 2명당 1통씩 나눠주어 사용하도록 합니다.

놀이 방법

1 한 틱택토 놀이당 10분 정도 놀이를 하도록 합니다. 선생님께서는 주어진
시간을 고려하여 앞으로 소개할 틱택토 놀이 중 몇 가지를 고릅니다.

2 한 가지씩 놀이 방법을 설명한 후 친구와 둘이서 함께 틱택토를 하도록 합
니다.

3 10분 정도 함께 틱택토를 하고 정리한 후, 다음 틱택토 놀이 방법을 설명합
니다.

4 이번에는 짝을 바꿔서 다른 친구와 함께 틱택토를 합니다. 위의 놀이 순서
를 반복하여 다양한 틱택토를 하도록 합니다.

5 각 틱택토를 할 때마다 선생님께서 놀이 종료를 알리는 종을 치시고, 종을
칠 때의 점수로 승자를 결정합니다. 예를 들어 2 : 3이었다면 현재 놀이에
상관없이 3점을 얻은 사람이 이긴 것이고, 2 : 2와 같이 동점이라면 동점으
로 간주합니다.

9칸 틱택토

1 틱택토판(3×3), 바둑돌(흰색, 검정 각각 5개씩)을 준비
합니다.

2 가위바위보로 순서를 정합니다.

3 이긴 사람이 먼저 바둑돌을 하나씩 틱택토판 위에
놓습니다.

4 바둑돌을 가로, 세로, 대각선 중 한 줄로 3개를 나란
히 붙여서 먼저 놓는 사람이 이깁니다.

5 두 번째 놀이에서는 진 사람이 먼저 놓습니다.

틱택토판(3×3)

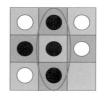

검은 돌이 이김

삼각형 틱택토

1 삼각형 틱택토판과 바둑돌(흰색, 검정 각각 5개씩)을 준비합니다.

2 가위바위보로 순서를 정합니다.

3 이긴 사람이 먼저 바둑돌을 원 위에 하나씩 올
려놓습니다.

4 바둑돌 3개를 직선으로 먼저 놓는 사람이 이깁
니다.

5 두 번째 놀이에서는 진 사람이 먼저 놓습니다.

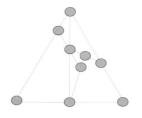

삼각형 틱택토판

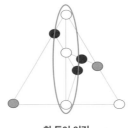

흰 돌이 이김

49칸 틱택토

1　틱택토판(7×7), 바둑돌(흰색, 검정 각각 25
　개씩)을 준비합니다.

2　가위바위보로 순서를 정합니다.

3　이긴 사람이 먼저 바둑돌을 하나씩 틱택
　토판 위에 놓습니다.

4　바둑돌을 가로, 세로, 대각선 중 한 줄로 4
　개를 나란히 붙여서 먼저 놓는 사람이 이
　깁니다.

5　두 번째 놀이에서는 진 사람이 먼저 놓습니다.

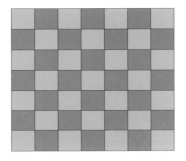

틱택토판(7×7)

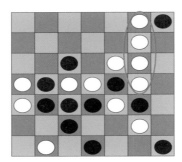

흰 돌이 이김

두 개씩 틱택토

1   틱택토판(5×5), 바둑돌(흰색, 검정 각각 13개
    씩)을 준비합니다.

2   가위바위보로 순서를 정합니다.

3   이긴 사람이 먼저 바둑돌을 2개씩 놓습니다.
    이때 2개를 붙여서 놓아도 되고, 따로따로
    떨어뜨려서 놓아도 됩니다.

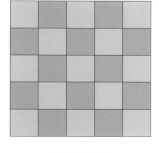

틱택토판(5×5)

4   바둑돌을 가로, 세로, 대각선 중 한 줄로 4
    개를 나란히 붙여서 먼저 놓는 사람이 이깁
    니다.

5   두 번째 놀이에서는 진 사람이 먼저 놓도록 합니다.

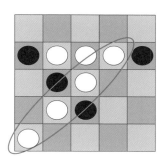

흰 돌이 이김

마음대로 틱택토

1   틱택토판(5×5), 바둑돌(흰색, 검정 각각 20개씩)을 준비합니다.

2   가위바위보로 먼저 할 사람을 정합니다.

3   바둑돌을 틱택토판 위에 놓고 싶은 개수만큼 한 줄로 놓습니다. 이때 모두

가로 또는 세로로 놓아야 하고 놓을 때 꼭 한 줄로 연결되어야 합니다.

4 틱택토판의 마지막 칸에 바둑돌을 놓는 사람이 이깁니다.

5 두 번째 놀이에서는 진 사람이 먼저 놓습니다.

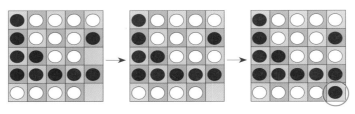

검은 돌이 이김

움직이는 틱택토

1 틱택토판(4×4), 바둑돌(흰색, 검정 각각 4개씩)을 준비합니다.

2 서로 다른 색끼리 이웃하면서 마주 보도록 판 위에 한꺼번에 4개씩 놓습니다.

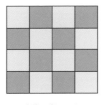

틱택토판(4×4)

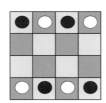

3 가위바위보로 순서를 정합니다.

4 이긴 사람이 먼저 바둑돌 1개를 가로나 세로 방향으로 한 칸씩 움직입니다.

이때 대각선으로는 움직일 수 없습니다. 번갈아 가면서 서로 바둑돌을 움직입니다.

5 가로, 세로, 대각선 중 한 줄로 자기의 바둑돌을 3개를 나란히 붙여서 먼저 놓는 사람이 이깁니다.

6 두 번째 놀이에서는 진 사람이 먼저 놓습니다.

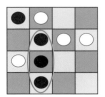

검은 돌이 이김

오래 움직이기 틱택토

1 틱택토판(1×16), 바둑돌(흰색, 검정 각각 1개씩)을 준비합니다.

틱택토판(1×16)

2 판의 양쪽 끝에 서로 바둑돌을 하나씩 놓습니다.

3 가위바위보로 순서를 정합니다.

4 이긴 사람이 먼저 바둑돌을 한 칸 움직입니다.

5 흰 돌이 이겨서 먼저 움직인다면 흰 돌은 오른쪽으로 움직일 칸이 없으므로 왼쪽으로 한 칸 움직여야겠죠?

6 다음 번 흰 돌이 움직일 차례에는 오른쪽이나 왼쪽 중 한쪽으로 한 칸 움직일 수 있습니다.

7 바둑돌을 더 이상 움직일 수 없는 사람이 집니다.

8 두 번째 놀이에서는 진 사람이 먼저 놓습니다.

직선 틱택토

1 틱택토판과 색연필 2가지 색을 준비합니다.

2 가위바위보로 먼저 할 사람을 정합니다.

3 삼각형 모양의 판에 일직선으로 놓인 점 위에 원하는 개수만큼 지나는 선을 그을 수 있습니다.

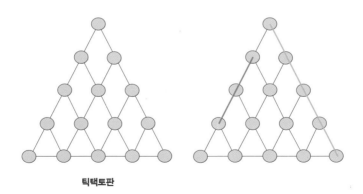

틱택토판

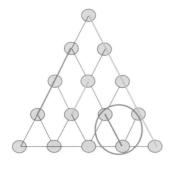

마지막 점을 지나게 그린 빨간 색이 이김

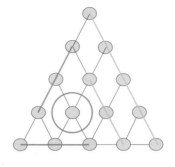

**점이 한 개 남아서 선을 그을 수 없을 때
는 그 전에 선을 그은 사람이 이김**

4 틱택토판의 마지막 점을 지나가는 사람이 이깁니다.

5 두 번째 놀이에서는 진 사람이 먼저 긋습니다.

사각형 틱택토

1 사각형 틱택토판, 바둑돌(흰색, 검정 각각 7개씩)을 준비합니다.

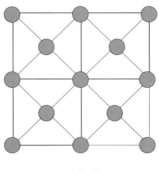

틱택토판

2 가위바위보로 먼저 순서를 정합니다.

3 바둑돌을 교대로 하나씩 틱택토판 위에 놓도록 합니다.

4 가로, 세로, 대각선 중 한 줄로 바둑돌 3개를 먼저 놓는 사람이 이깁니다.

5 처음에는 가운데의 원에 바둑돌을 놓을 수 없습니다.

6 두 번째 놀이에서는 진 사람이 먼저 놓습니다.

TIP 놀이의 팁

● 아이들은 놀이를 할 때 특별히 다른 보상을 하지 않더라도 승부를 명확하게 판정해 주는 것을 좋아합니다. 그래서 틱택토를 비롯하여 다른 놀이를 할 때도 다음과 같은 방법을 적용합니다. 규칙에 따라서 놀이를 하다가 선생님께서 '그만'하고 외치는 순간에 놀이를 멈추고 그때의 점수로 승자를 결정합니다. 예를 들어 2 : 3이었다면 현재 놀이에 상관없이 3점을 얻은 사람이 이긴 것이고, 2 : 2와 같이 동점이라면 동점 처리합니다.

● 선생님께서는 틱택토를 하면서 어떻게 하면 이길 수 있을지 아이들이 고민하면서 놀이를 하도록 해주세요. 각 놀이를 할 때마다 어떤 방법으로 하면 이길 수 있었는지에 대해서 발표하는 것도 좋습니다.

● 짝을 바꾸는 것이 번거롭다면 계속 같은 짝이랑 해도 괜찮습니다만, 40분 내내 같은 짝이랑 하는 것이 지루할 수도 있으니 자율적으로 짝을 바꾸는 것도 좋습니다. 우리 반은 한 번 같은 짝을 한 친구와는 또다시 할 수 없도록 규칙을 정하고 자율적으로 자리를 바꿔 앉도록 했습니다. 반에서 나름대로 규칙을 만들어서(한 번은 같은 성별, 한 번은 다른 성별 등) 아이들이 짝을 정해 보도록 해도 좋습니다.

● 아이들이 자유롭게 짝을 정해서 원하는 자리에 앉아서 틱택토 놀이를 하도록 합니다. 우리

반은 아이들이 교실 바닥에서 하고 싶어해서 바닥에 앉아서 놀이를 해도 된다고 했습니다.

- 틱택토판은 간편하게 인쇄해서 사용해도 됩니다. 두꺼운 색A4에 인쇄하면 쉽게 구겨지지 않아 좋습니다. 또한 종이에 연필로 쓱쓱 선을 그려서 사용해도 됩니다.

23-02 틱택토 대회하기

• **준비물** 여러 가지 틱택토판, 바둑돌, 결과기록판, 틱택토 안내문, 스티커

×××××××××××××××××××××××××××

앞서 즐겼던 틱택토 중에서 우리 반 아이들이 특히 좋아하는 6가지를 선택하여 틱택토 대회를 열어보세요. 한 가지 틱택토마다 5분 정도의 시간을 주고 자리를 이동하여 새로운 짝과 함께 6가지 틱택토를 하도록 합니다.

놀이 방법

1   9가지 틱택토 중 6가지를 선택합니다. 우리 반은 오래 움직이기 틱택토, 삼각형 틱택토, 9칸 틱택토, 49칸 틱택토, 움직이는 틱택토, 두 개씩 틱택토를 선택했습니다.

2   6개의 모둠이 되도록 책상을 배치합니다.

3   6개의 바구니에 해당 준비물(틱택토판 3개, 바둑돌통 3개, 틱택토 설명문 3개, 이긴 사람에게 붙일 스티커)을 담아둡니다. 첫째 자리에는 오래 움직이기 틱택토, 둘째 자리에는 삼각형 틱택토, 셋째 자리에는 9칸 틱택토, 넷째 자리에는 49칸 틱택토, 다섯째 자리에는 움직이는 틱택토, 여섯째 자리에는 두 개씩 틱택토를 할 수 있도록 준비합니다.

4   틱택토 대회에서 할 6가지 틱택토 이름을 아이들에게 알려줍니다.

5 틱택토 대회 방법을 설명합니다. 틱택 토 안내문을 읽어보고 놀이하기, 결과기 록판에 이긴 사람이 스티커 붙이기, 5분 마다 자리를 이동하기(1모둠은 2모둠으로, 2모둠은 3모둠으로) 등 전체적인 놀이 설 명을 해줍니다.

6 각자 결과기록판을 가지고 모둠별로 여섯 자리를 이동하면서 틱택토 대회 를 합니다.

틱택토	나	상대편
오래 움직이기 틱택토		
삼각형 틱택토		
9칸 틱택토		
49칸 틱택토		
움직이는 틱택토		
두 개씩 틱택토		

틱택토 결과기록판

7 수업 시작 전에 미리 결과기록판에 자기 이름과 틱택토를 할 친구 이름을 적은 후, 수업 시간에는 자리를 이동할 때마다 결과기록판의 상대편 이름을 확인하면서 틱택토 대회를 합니다.

8 모둠 구성원이 6명이라면 모둠 구성원에게 1에서 6까지 번호를 부여하고, 첫째 틱택토는 '1번, 2번,' '3번, 4번', '5번, 6번'이 함께하고, 둘째 틱택토는 '1번, 3번' '2번, 5번', '4번, 6번'이 함께하고, 셋째 틱택토는 '1번, 4번', '2

번, 6번', '3번, 5번'이, 넷째 틱택토는 '1
번, 5번', '2번, 4번', '3번, 6번'이 함께하
고, 다섯째 틱택토는 '1번, 6번', '2번, 3
번', '4번, 5번'이 함께하고, 여섯째 틱택
토는 첫째 틱택토처럼 '1번, 2번', '3번,
4번', '5번, 6번'이 함께하도록 합니다.

9   새로운 자리로 이동할 때마다 틱택토 안
내문을 다시 한 번 읽어보고 규칙을 숙
지한 후 대회를 합니다. 틱택토 안내문
은 바구니에 각각 3장씩 담아두도록 합
니다.

10   각 틱택토마다 5분씩 시간을 주고 시간
이 다 되면 선생님께서 "그만"을 외칩
니다. 선생님께서 "그만"할 때 만약 2 :

3이었다면 "그만"할 때 하고 있던 틱택토는 포함시키지 않습니다. 이때까지
점수가 높은 사람이 이기고, 그 사람의 결과기록판에 스티커를 붙입니다. 동
점일 경우에는 두 명 모두 스티커를 붙입니다.

11   다음 자리로 이동하여 틱택토 놀이를 하도록 합니다.

12   6가지 택택토 놀이를 모두 마친 후 자기 자리에 앉습니다. 그리고 결과기록
판의 스티커 개수를 확인합니다.

13   1개부터 6개까지 스티커 개수에 따라 손을 들어 결과를 확인하며 친구들에
게 칭찬의 박수를 쳐줍니다.

14   틱택토판과 바둑돌 자료를 깔끔하게 정리하고, 틱택토를 하고 난 느낌을 발
표합니다.

놀이의 팁

- 우리 반은 앞서 즐겼던 틱택토 중에서 6가지를 선정하여 40분 동안 틱택토 대회를 열었습니다. 승부에 대한 동기부여를 제공하며, 모두 즐겁게 참여하는 기회를 가졌습니다. 시간적 여유가 있다면 80분으로 계획하여 각 틱택토마다 10분씩의 시간을 줘도 좋습니다.

- 우리 반은 5분마다 종을 치며 "그만"을 외쳐 시간을 알려주고, 다음 자리로 이동하도록 했습니다. 시간을 알리는 종을 칠 때, 환호성과 아쉬움의 탄식이 곳곳에서 들리고, 또 곧바로 다음 자리로 질서 있게 이동하는 모습을 볼 수 있습니다.

- 선생님께서는 결과기록판, 틱택토 안내문을 수업 전에 미리 준비합니다. 우리 반은 수업 전에 결과기록판에 상대편의 이름을 적은 후 모두 걷어서 잠시 보관했다가 수업 시간에 다시 나누어주고 사용하도록 하였습니다.

- 결과기록판에 미리 상대편의 이름을 적어두지 않고, 대회할 때 즉석에서 함께 틱택토를 할 친구를 정해서 이름을 적고 대회를 해도 좋습니다. 이때 모둠별로 순서대로 자리를 이동하면서 틱택토를 하지 않은 친구를 찾아 짝을 지어 대회를 하도록 합니다.

24_ 고누

조선시대 풍속화가로 유명한 김홍도는 산더미같이 많은 나뭇짐을 잠시 세워두고 아이들이 바닥에 무엇인가 그려놓고 둘러앉아 있는 모습을 그림으로 그렸습니다. 아이들은 무엇을 하고 있었던 걸까요? 이 그림의 제목은 〈고누 놀이〉입니다. 아이들은 바로 '고누'를 하고 있었습니다. 고누란 땅바닥이나 나무판에 여러 가지 모양의 판을 그리고 돌이나 나뭇가지, 풀잎 등을 말로 삼아 말을 움직이는 놀이입니다. 고누는 오래전부터 서민층에서 널리 보급되어 즐겼던 놀이입니다.

고누는 말을 한 칸씩 가거나 뛰어넘는 등 규칙에 맞게 움직여서 상대방의 말을 따내거나 상대방의 집을 먼저 차지하면 이기는 놀이입니다. 장기와 같이 잘 하지 못하는 사람부터 먼저 시작하도록 상대를 배려해 주는 놀이입니다. 대표적인 고누의 종류로는 우물고누, 줄고누(네줄고누, 다섯줄고누, 여섯줄고누 등), 곤질고누, 패랭이고누, 호박고누, 자전거고누 등이 있습니다. 또, 밭고누, 팔팔고누, 포위고누, 장수고누, 왕고누 등도 있습니다. 고누는 보통 말판의 모양에 따라 이름이 붙여졌고, 이름이 없는 고누도 많다고 합니다.

고누는 김홍도의 〈고누 놀이〉처럼 바닥에 나뭇가지나 돌로 쓱쓱 고누판을 그려서 언제 어디서나 손쉽게 즐길 수 있는 놀이입니다. 각 고누의 규칙을 잘 이해하고 상대방을 이길 수 있는 전략을 고민하여 친구들과 즐겁게 고누 놀이를 하도록 해주세요.

• **준비물** 여러 가지 고누판, 바둑돌

×××××××××××××××××××××××××××

김홍도의 〈고누 놀이〉를 살펴보며 어떤 장면을 그렸는지 이야기 나눈 후, 고누의 종류와 일반적인 방법을 알아봅니다. 고누 놀이 중 우물고누, 호박고누, 줄고누, 곤질고누, 자전거고누의 규칙을 익힌 후 짝과 함께 고누 놀이를 하도록 합니다.

놀이 준비

1 먼저 고누판을 만듭니다. 워드 프로그램으로 각 고누 놀이의 고누판을 그린 후 색A4에 각각 출력합니다.

2 줄고누와 자전거고누는 말판의 형태가 같으므로 1가지만 제작해서 사용합니다.

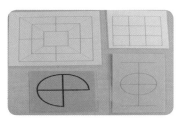

3 각 고누판을 코팅합니다. 줄고누판과 우물고누판은 A4 1장에 6개씩 배치하였는데, 앞뒤로 붙여서 코팅하면 코팅지를 절약할 수 있습니다.

4 바둑돌을 담을 우유갑을 깨끗이 씻어 말린 후 15개(반 학생 수의 1/2)를 준비합니다.

5 각 우유갑마다 검정돌, 흰돌을 각각 15~20개씩 담아두었다가 바둑돌이 필요한 놀이를 할 때 2명당 1통씩 나눠주어 사용하도록 합니다.

우물고누

1 우물고누 방법을 설명합니다. 우물고누는 샘고누, 강고누라고도 합니다. 고누 중에서 가장 단순하고 많이 하는 놀이입니다.

2 2명 모두의 말은 우물(ㄱ과 ㄹ사이)을 건너지 못합니다.

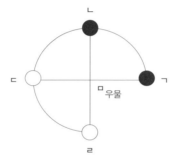

3 처음 시작할 때에는 ㄴ, ㄷ의 말부터 ㅁ으로 움직여야 합니다. ㄱ과 ㄹ을 먼저 움직이게 되면 길이 막혀 더 이상 고누를 할 수 없기 때문입니다.

4 번갈아 말을 움직이다가 다음과 같이 먼저 자기 말 2개로 상대방의 말을 움직이지 못하게 하면 이깁니다.

5 짝과 둘이서 우물고누를 합니다.

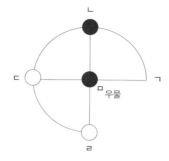

ㄴ

ㄷ ㄱ

ㅁ 우물

ㄹ

TIP **놀이의 팁**

● 놀이를 하다 보면 승부가 잘 나지 않는 아이들이 있습니다. 어떻게 하면 이길 수 있을지, 이 길 수 있는 전략을 생각하며 우물고누를 하도록 격려합니다.

호박고누

1 호박고누 방법을 설명합니다. 호박고누는 돼지고누라고도 합니다.

2 아래 그림의 (1)또는 (2)와 같이 말을 3개 또는 4개를 놓습니다.

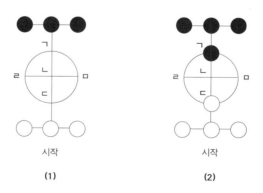

시작 시작

(1) (2)

3 말을 번갈아 한 칸씩 두다가 길이 막혀 더 이상 말을 둘 수 없게 되면 지게
됩니다.

4 자기 집에서 한 번 나온 말은 다시 돌아갈 수 없습니다. 자기 집이란 처음
말을 놓았던 곳을 말합니다.

5 남의 집에 들어간 말도 돌아나올 수 없고, ㄱ, ㄴ, ㄷ, ㄹ, ㅁ에서는 마음대로
움직일 수 있습니다.

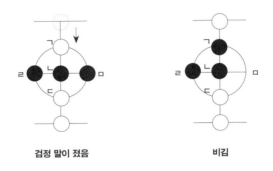

검정 말이 졌음   비김

6 짝과 둘이서 호박고누를 합니다.

TIP **놀이의 팁**

● 선생님께서는 아이들에게 놀이규칙 중에서 자기 집에서 한 번 나온 말, 남의 집에 들어간
말은 다시 돌아가거나 돌아나올 수 없음을 잘 설명해 주세요. 아이들이 이 부분을 잘 이해
하지 못하는 경우가 있습니다. 위의 그림처럼 아무리 움직여도 승부가 나지 않는 경우는
다시 고누를 시작하도록 합니다.

줄고누

1 줄고누 방법을 설명합니다. 줄고누는 말고누, 선고누라고 불리며, 말판에 그

은 선의 수에 따라 네줄고누, 다섯줄고누, 여섯줄고누라고도 합니다. 네줄고누가 대표적이며 네줄고누는 사선고누, 사마(四馬)고누, 정자고누라고도 합니다.

2   아래 그림의 (1)또는 (2)와 같이 말을 놓습니다.

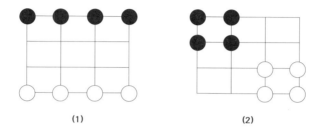

(1)   (2)

3   말은 직선으로 한 칸 또는 여러 칸씩 상하좌우로 움직일 수 있습니다.

4   두 개의 말 사이에 상대편 말이 놓이게 되면 상대 말을 포위하여 따냅니다.

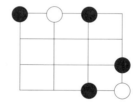

5   먼저 상대편 말을 모두 따내는 사람이 이깁니다.

6   다른 규칙도 적용하도록 합니다. 짝과 둘이서 줄고누를 합니다.

NO.	변형한 규칙 방법
1	양편의 말은 앞과 옆으로 갈 수 있고, 뒤로 갈 수 없다.
2	두는 말 앞, 옆에 붙어 있는 말을 한 칸씩 뛰어넘을 수 있다.
3	2와 같은 방법으로 상대방의 말을 많이 따내는 사람이 이긴다.

곤질고누

1 곤질고누 방법을 설명합니다. 곤질고누는 참고누, 짤고누, 꽂을고누라고도 합니다.

2 아래 곤질고누판의 24개의 교차점 중 아무 데나 서로 번갈아가며 말을 하나씩 놓습니다.

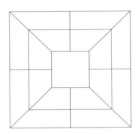

3 가로, 세로, 대각선 어느 방향이든지 말 3개가 나란히 놓이면 '곤이야!' 하고 외칩니다.

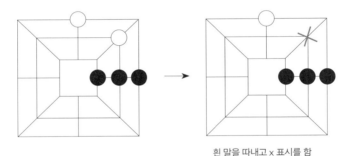

흰 말을 따내고 × 표시를 함

4 '곤'이 되면 상대편이 불리하도록 상대편의 말 하나를 골라 따내고 그 자리에 ×표를 합니다. ×표 자리에는 양편 모두 말을 놓지 못합니다.

5 말을 더 이상 놓을 자리가 없게 되면, ×표를 한 자리에 상관없이 한 칸씩 번갈아 움직여 '곤'이 되게 하여 상대방의 말을 하나씩 따내도록 합니다.

6 어느 편이든 말이 세 개 미만이 되어 '곤'을 만들 수 없게 되면 집니다.

7 짝과 둘이서 곤질고누를 합니다.

 놀이의 팁

● 놀이 방법이 조금 복잡해서 아이들에게 여러 번 설명해 주어야 합니다. 아이들이 확실히 이해한 다음 고누를 시작하도록 합니다. 처음에는 바둑이나 오목처럼 바둑돌을 놓아가는 것이고, 바둑돌을 다 놓고 나면 장기나 체스처럼 움직이면서 세 줄을 만드는 것입니다. '곤'을 외치고 ×표시를 하는 것인데, 고누판이 종이가 아니고 코팅판이기 때문에 종이를 나눠주고 조금씩 잘라서 ×표를 하는 대신 올려놓도록 했습니다.

자전거고누

1 자전거고누 방법을 설명합니다. 자전거고누는 자동차고누, 네바퀴고누라고 도 합니다.

2 아래 그림과 같이 말을 놓습니다.

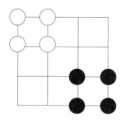

3 말은 상하좌우로는 움직일 수 있으나, 대각선으로는 움직일 수 없습니다.

4 다음 그림처럼 말판 네 모퉁이의 둥근 원이 자전거 바퀴입니다. 말을 한 칸씩 움직이다가 바퀴가 시작되는 곳에 말을 놓게 되면 바퀴를 돌아서 여러

칸을 움직일 수 있습니다.

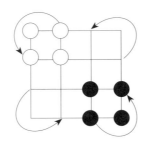

5   자전거 바퀴를 돌고 나서 여러 칸 움직이다가 상대
    편의 말이 있으면 따내고, 그 자리에 자신의 말을
    놓습니다. 자신의 말을 만나면 그 앞에서 멈춥니다.

6   상대방의 말을 먼저 모두 따내면 이깁니다.

7   짝과 둘이서 자전거고누를 합니다.

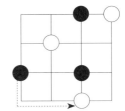

TIP   **전체 놀이의 팁**

● 시간을 절약하고 자료로 보관하여 다시 활용하기 위해서
  색A4를 코팅하여 고누판을 만들었는데, 즉석에서 연습
  장에 그려도 좋고, 이면지에 인쇄해서 오려서 사용해도
  좋습니다.

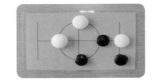

● 아이들은 그냥 놀이를 하는 것보다는 무엇인가 보상이 있을 때 더욱 열심히 합니다. 우리 반은 1가지의 고누 놀이를 할 때마다 짝이랑 승부를 내도록 해서 이긴 사람에게 사탕을 하나씩 주었습니다. 다음 고누 놀이할 때 사탕을 먹으면서 하도록 하니까 즐겁게 참여했습니다.

● 40분 수업 동안 고누 3가지 정도를 하면 시간이 적절합니다. 우리 반은 80분 수업 동안 고누 5가지를 1가지씩 해보도록 한 후 마지막 15분 정도에는 5가지 고누를 원하는 사람과 자유롭게 만나서 고누 대결을 했습니다. 대결표에 함께 고누 놀이를 할 친구의 이름을 적고 자신이 이기면 결과 칸에 '승', 지면 '패'라고 적도록 합니다. 5명의 다른 친구를 만나서 놀이를 한 후 '승'과 '패'의 수를 세어 종합결과 칸에 결과적으로 '승'인지 '패'인지 적습니다. 종합결과 '승'인 아이들에게는 다 함께 칭찬의 박수를 쳐주어도 좋고 학급 내에서 실시하는 칭찬의 보상을 해주어도 좋습니다.

고누명	함께한 친구 이름	결과
우물고누		
호박고누		
줄고누		
곤질고누		
자전거고누		
종합 결과		

대결표

「이 도서의 국립중앙도서관 출판예정도서목록(CIP)은
서지정보유통지원시스템 홈페이지(http://seoji.nl.go.kr)와
국가자료공동목록시스템(http://www.nl.go.kr/kolisnet)에서 이용하실 수 있습니다.
(CIP제어번호: CIP2017004993)」

수학 시간에 놀이하자!

1쇄 발행 2017년 3월 28일
3쇄 발행 2019년 12월 11일

지은이 이강숙
발행인 윤을식

책임편집 김명희

펴낸곳 도서출판 지식프레임
출판등록 2008년 1월 4일 제 2016-000017호
주소 서울시 서초구 효령로26길 9-12, B1
전화 (02)521-3172 | **팩스** (02)6007-1835

이메일 editor@jisikframe.com
홈페이지 http://www.jisikframe.com

ISBN 978-89-94655-56-7 (03370)